La magie de Sabrina

Petits trucs et grands secrets

★ Tours magiques

★ Recettes miracles

★ Astuces de sorcières

★★★★★

À propos de l'auteur

★★★★★

Dans sa jeunesse, Patricia Barnes-Svarney s'amusait à bricoler des machines à écrire, des grille-pain ou n'importe quoi d'autre. Aujourd'hui, elle s'adonne à des activités moins dangereuses. Elle rédige des livres de science, des romans de science-fiction ou des articles de journaux. Elle aime par-dessus tout se balader, jardiner, rechercher des pierres semi-précieuses et écouter chanter les oiseaux. Elle vit dans l'État de New York avec son mari. En outre, elle soigne volontiers les écureuils, mais aussi les oiseaux et, à l'occasion, les lapins.

Sabrina
l'apprentie sorcière

La magie de Sabrina

Patricia Barnes-Svarney

Traduit de l'américain par Dominique Roussel
Graphisme et illustrations intérieures : Valérie Nylin

POCKET
jeunesse

Titre original :
Magic Handbook

Publié pour la première fois en 1998
par Pocket Books, États-Unis.

Loi n° 49-956 du 16 juillet 1949 sur les publications destinées
à la jeunesse : décembre 2001.

ISBN 2-266-11530-8

Le monde magique de

Sabrina

te fait rêver ?

Alors découvre vite
tous les trucs et les secrets
de la plus géniale
des apprenties sorcières !

À Lynda DeLuca, professeur, amie… qui m'aide à découvrir la magie de chaque jour.

Tous mes remerciements à mon extraordinaire éditrice Lisa Clancy et à Elizabeth Shiflett.

Merci à toutes les personnes qui ont rendu possible ce livre : Gina Centrello, Donna O'Neill, Lisa Feuer, Julie Blattberg, Karen Clark, Gina DiMarco, Nancy Pines, Patricia MacDonald, Twisne Fan, Agnes Birnbaum, Paul Ruditis, Diane Hobbing, et toutes les équipes de Pocket Books, Archie Comics et Viacom Productions.

★★★ Introduction ★★★

Bonjour, je m'appelle Sabrina.
Ce nom t'évoque tout de suite
la magie, n'est-ce pas ?
Tu as raison : mes tantes et moi
sommes des sorcières (même si moi,
je suis à moitié mortelle).
Tu penses aussi à notre chat Salem ?
Là aussi, tu as raison.
Autrefois, c'était un vrai magicien.
Mais il a voulu conquérir l'univers
et a été puni…

Tu as sûrement appris que je prends
des cours pour voler sur mon aspirateur
et faire plein d'autres choses encore.
Mais sais-tu que toi aussi,
tu baignes dans la magie ?
Sais-tu, par exemple, que ta cuisine est hantée
de mystères et de trucs bizarres ?
Je t'intéresse ? Alors je vais te raconter
tout ça. Et même si je ne peux pas te dévoiler
tous mes secrets (le Code des sorciers l'interdit),
je vais t'apprendre plein de choses rigolotes.

Tu es prêt(e) ?
On y va !

Avant de commencer, sache que certaines activités nécessitent la présence d'un adulte – comme utiliser des ciseaux, allumer une bougie... – N'oublie pas de demander l'autorisation à un parent avant de te lancer dans les expériences marquées d'une ★ dans le livre.

Sabrina

MES RECETTES DE CUISINE PRÉFÉRÉES

Tantes Hilda et Zelda adorent cuisiner de bons petits plats. Moi aussi. Mais je parie que les recettes des Spellman ne ressemblent pas tout à fait aux tiennes !

Un jour, j'ai voulu préparer des haricots sauteurs. D'accord, je n'ai pas suivi la recette à la lettre. Mais comment aurais-je pu imaginer qu'ils se précipiteraient dans la cour, germeraient à la vitesse de l'éclair et couvriraient un champ tout entier ? Personne ne m'avait avertie !

Essayons de chercher des produits magiques que tu pourrais utiliser dans ta cuisine. D'abord, évite la « soupe aux cheveux » : tes cheveux pousseraient beaucoup trop, et trop vite. De même, laisse tomber le « ragoût de boule de cristal », il t'écorcherait la langue ! Je te propose quelques trucs : à toi d'essayer !

Il pleut, il pleut, sorcière !

★★★★★

Et si tu déclenchais une tempête ?... Non, ce n'est pas une bonne idée. Je l'ai déjà fait. Tout était trempé dans la cuisine, et Salem, comme mes tantes, déteste prendre ses repas sous un parapluie. Surtout à l'intérieur de la maison !

Ne t'en fais pas. Je connais un moyen facile de faire pleuvoir dans la cuisine sans se mouiller. Tu as juste besoin d'eau chaude, d'un récipient muni d'un couvercle et de quelques cubes de glace.

Verse un litre d'eau chaude de façon à recouvrir le fond du bocal. Puis place le couvercle retourné sur le dessus et déposes-y trois ou quatre glaçons. Attends environ dix minutes et regarde ce qui se passe dans le bocal. Tu vas remarquer qu'il pleut à l'intérieur ! Bien entendu, si j'étais là, j'ajouterais une pincée d'éclairs et de tonnerre...

sauf si je dois aller pique-niquer avec mon petit copain Harvey !

C'est à peu près ce qu'il se passe quand il pleut dehors. Je l'ai lu dans mon livre de sciences naturelles, quand j'étais dans la classe de M. Pool. Une partie de l'eau placée au fond du bocal s'évapore, se transformant en vapeur d'eau. Lorsqu'elle se condense, cette vapeur d'eau devient liquide, des gouttes se forment petit à petit et finissent par tomber. Les nuages connaissent le même phénomène. Ils sont constitués de vapeur d'eau, et quand ils s'élèvent dans les couches plus froides de l'air, la vapeur se condense en gouttelettes qui se réunissent pour former de grosses gouttes de pluie !

Qu'est-ce que tu as dit... ou plutôt... écrit ?

Il m'arrive de faire passer, entre deux cours, des messages à mes amis, Valérie ou Harvey. Un jour, j'en ai écrit un à la maison, et je ne voulais pas que Salem le déchiffre. Bien entendu, il a regardé par-dessus mon épaule... mais il n'a rien pu voir ! La feuille était blanche ! Il a été complètement bluffé. J'avais utilisé du jus de citron (j'en ris encore rien que d'y penser !).

C'est un excellent moyen pour envoyer des mots invisibles à tes amis. Si tu as envie d'essayer, prends une assiette plate, un peu de jus de (vrai) citron et une feuille de papier. Il te faut aussi une lampe munie d'une ampoule de 60 ou 75 watts et un petit pinceau. Remplis l'assiette de jus de citron, puis trempe la plume dedans, et écris le message. Laisse sécher et passe le papier aux copains. Ils seront drôlement surpris de recevoir une feuille de papier blanc ! Dis-leur de l'approcher de l'ampoule, mais sans qu'elle la touche : l'écriture secrète apparaîtra peu après ! Et l'on peut obtenir le même résultat avec du jus d'oignon ou du vinaigre !

Que s'est-il passé ? Quand on l'approche d'une source de chaleur, la partie de la feuille couverte de jus de citron (d'oignon ou de vinaigre) s'oxyde plus facilement et plus vite que le reste du papier. Il s'agit donc d'une simple réaction chimique !

Drôles de petites bêtes !...

Avant-hier, je suis allée à la boulangerie avec ma copine Valérie, et nous avons regardé la boulangère faire son pain. Elle a placé une boule de pâte à pain bien collante sur une plaque de métal qu'elle a introduite dans le four. Après avoir fait des courses, nous sommes repassées devant la boulangerie et le pain était cuit. La boule enfournée avait doublé de volume.

Je trouve ça magique ! Le pain grossit grâce à un produit appelé levure. Et cette levure est composée d'organismes vivants de la famille des champignons. Non, ce n'est pas dégoûtant ! C'est tout ce qu'il y a de plus naturel.

Ces petites bêtes raffolent du sucre, qu'elles dévorent en plongeant au cœur de la pâte. Les bulles étranges qui parsèment la mie proviennent d'un gaz, le dioxyde de carbone, qui s'échappe quand la levure mange le sucre. Mais la pâte crue est tellement collante que le gaz ne peut pas s'évacuer. Alors elle gonfle et la chaleur du four cuit les bulles ! Depuis plus de quatre mille ans, la levure sert à fabriquer le pain mais aussi certaines boissons gazeuses. Elle fermente, transformant les sucres en alcool et en dioxyde de carbone.

Toi aussi, tu veux réaliser ce tour de magie ? Alors, il te faut :

- 2 petits bols
- 1 tasse de farine
- 2 cuillerées à café de sucre
- 14 cuillerées d'eau tiède
- 1 cuillerée de levure.

Verse dans chacun des deux bols sept cuillerées d'eau tiède (pas trop chaude surtout, car elle détruirait la levure). Ajoute la levure dans *un seul bol* en tournant jusqu'à ce que l'eau prenne la couleur du lait. Puis ajoute dans *chaque bol* 1 tasse de farine et 1 cuillerée à café de sucre ; remue avec une fourchette jusqu'à ce que tout soit bien mélangé. Voilà, tu as fait deux boules de pâte à pain. Laisse-les reposer 15 minutes dans un endroit bien chaud. Ensuite, regarde : une boule a certainement grossi plus que l'autre. On pourrait croire que c'est magique ! Mais tu le sais maintenant : ce n'est que la réaction des petites bêtes de la levure !

Quand les œufs flottent comme une sorcière…

★★★★★

Quand je dors, j'ai tendance à flotter au-dessus de mon lit, grâce à mes pouvoirs de sorcière. Mais tu peux réaliser un exploit presque aussi magique : faire flotter un œuf !

D'abord, prépare un breuvage magique. Prends deux grands verres, du sel et deux œufs frais (tu pourras t'en resservir si tu ne les casses pas). Remplis les deux verres d'eau du robinet. Dans l'un d'eux, ajoute cinq cuillerées de sel et remue énergiquement. Ensuite, place délicatement un œuf dans chacun des verres et observe ce qui se passe.

Dans celui qui contient de l'eau douce, l'œuf va couler ; en revanche, il flotte dans l'eau salée… exactement comme moi quand je flotte au-dessus de mon lit ! Si tu veux que ce tour paraisse encore plus magique, ajoute lentement un peu d'eau douce dans l'eau salée, tu verras que l'œuf semble flotter entre deux eaux. Comme s'il était suspendu.

Que s'est-il vraiment passé ? Le sel accroît la densité de l'eau, de sorte que l'œuf devient moins dense que l'eau. Il flotte ! C'est ce qui arrive au lac de Salt Lake City, dans l'État de l'Utah. Quand quelqu'un se baigne dedans, il ne peut pas couler !

Vous avez dit… pop-corn ?

Si l'on prononce certains mots devant toi, ils te parlent aussitôt. Par exemple : pizza, ail, oignon, citron, pop-corn…

… Pop-corn ?

L'odeur du pop-corn assaille nos narines dès que nous entrons dans un cinéma et semble littéralement nous poursuivre (enfin, moi, ce sont plutôt les copains qui me poursuivent ; ils me demandent d'en acheter pour qu'on puisse le manger ensemble !). Le pop-corn peut aussi servir à un tour très marrant. C'est Valérie qui me l'a appris.

Il te faut un bol ou une tasse, des grains de maïs et une feuille d'aluminium. Remplis le bol ou la tasse avec les grains de maïs, et ajoute autant d'eau que possible. Place ce récipient sur la feuille d'aluminium, puis le tout sous un lit ou sur une étagère… bref, à l'endroit où tu veux faire une surprise à quelqu'un. Car au bout de cinq ou six heures, des bruits mystérieux vont commencer à se faire entendre…

D'où viennent ces bruits ?
Comme tu le sais, le pop-corn réagit à la chaleur d'une casserole en sautant en l'air ; mais il « se réveille » aussi sous l'effet de l'eau, qui fait gonfler les grains de maïs. Heureusement que, moi, il ne me faut pas cinq ou six heures pour me réveiller !

C'est du poivre ! Atchoum !*

J'adore le poivre, et bien que j'en mette dans la salade ou dans la soupe, il ne m'aime pas ! Il me fait éternuer et peut provoquer une catastrophe si, par exemple, je suis en train de jeter un sort.

Je ne suis pas la seule à craindre les effets du poivre. Pour le prouver, il suffit de prendre un grand récipient contenant deux litres d'eau fraîche du robinet, une soucoupe, un peu de détergent et un cure-dents. Saupoudre la surface de l'eau de poivre moulu, verse quelques gouttes de détergent dans la soucoupe et trempe un des bouts du cure-dents dans le détergent. Place ensuite le bout imprégné de détergent dans l'eau recouverte de poivre et tu verras que les particules de poivre s'éloignent vers les bords du récipient. Tu as compris ? Le poivre s'enfuit… comme mes copains quand j'ai de vilains boutons sur le nez !

Mais que s'est-il passé ? Les molécules d'eau attirent tous les grains de poivre. Quand on ajoute du détergent, ce dernier s'assemble aux molécules d'eau, les rendant moins attractives pour le poivre... qui finit par s'échapper !

L'attraction et la répulsion... Quels phénomènes !

★★★★★

J'ai parfois l'impression d'être tiraillée dans plein de directions à la fois. Il faut que j'aille à l'école, et j'ai envie de me promener avec mes amis. Ou bien il faut que je range, mais aussi que je prépare mes devoirs ou mon diplôme de sorcière. Sans oublier les histoires de Harvey, le foot et tous les coups de fil que je dois passer ! C'est fou ce qu'une fille peut être occupée !

Je ne savais pas que les cure-dents pouvaient eux aussi être attirés et repoussés en même temps ! Pourtant, mon manuel de magie consacre plusieurs chapitres à ce sujet.

Voyons voir... « parfaits animaux de compagnie, perroquets muets ! » ... Ah ! Voilà ! J'ai trouvé ce qu'il me faut : « Phénomènes d'attraction et de répulsion. » Alors, si tu veux réaliser cette expérience avec moi, écoute bien : il te faut un bol, de l'eau fraîche du robinet, un morceau de sucre, un petit morceau de savon et deux cure-dents. Remplis le bol d'eau ; fais flotter les deux cure-dents à 1,5 cm l'un de l'autre. Effleure la surface de l'eau avec le morceau de sucre, entre les deux cure-dents. Fais de même avec le morceau de savon.

Tu as vu ? La différence est évidente : les cure-dents semblent attirés par le sucre, mais repoussés par le savon.

L'explication est simple : l'eau pénètre dans tous les petits trous du morceau de sucre, créant un faible courant à la surface de l'eau, qui attire les deux cure-dents vers le sucre. Le savon, affaiblissant les molécules de l'eau en surface, repousse les cure-dents vers l'extérieur. Magique, non ?

Mon super-gluant et moi*

Je me souviens d'un jour où j'avais l'impression que tout allait de travers. Alors, Tante Hilda me donna un truc pour me sentir mieux : préparer un flan avec de la gélatine. Il s'agit de son dessert préféré. Il est vrai que c'est excellent — et très amusant —, mais difficile à faire dans un four ordinaire.

Surtout, ne le dis pas à Tante Hilda ; j'ai une recette encore plus géniale, parce que le résultat est encore plus gluant et plus collant. À tel point que j'ai baptisé ça : « le super-gluant de Sabrina ». Pas mal, non ?

Voici ce qu'il faut faire (mais il vaut mieux être en présence d'un adulte). Prends un peu de sirop d'érable, deux paquets de gélatine nature, et remplis une demi-tasse d'eau. Fais bouillir la moitié de l'eau et ajoute la gélatine. Retire cette mixture du feu et remue de façon qu'elle ramollisse. Pendant qu'elle refroidit, ajoute un quart de tasse de sirop d'érable tout en continuant à remuer. Quand elle a refroidi, ajoute l'autre moitié de l'eau pour la rendre épaisse et collante. Elle doit même avoir l'air filandreux.

Cette mixture n'est qu'un concentré de sucre et de protéines. En fait, la majeure partie du mucus du corps humain - la membrane de protection qui tapisse l'estomac - ressemble beaucoup à mon invention. C'est carrément dégoûtant mais super, non ?

Bien sûr, ce produit n'est pas très bon à manger, mais tu en as un bol, maintenant ! Alors, qu'en faire ?

Pour Halloween, tu peux l'utiliser à n'importe quel moment histoire d'effrayer quelqu'un. Ajoute des ingrédients, par exemple des raisins secs, des boutons, des spaghettis, et mets le tout au réfrigérateur pendant quelques heures. Horreur garantie ! Après l'avoir sorti, allume la lumière et demande à un de tes copains d'enfoncer son doigt dans le bol ; ne lui dis pas que ce dernier contient simplement du sucre avec des protéines, mais qu'il s'agit de la substance qui tapisse les parois de notre estomac… Miam !

Le secret, c'est de secouer !

Veux-tu réaliser un tour tellement magique qu'on peut le faire en moins de temps qu'il n'en faut pour l'expliquer ? Il suffit d'une bouteille en plastique remplie de soda, surtout pas une bouteille en verre. Place-la, bien verticale, au congélateur pendant une nuit. Le lendemain matin, ouvre le congélateur : le soda est toujours liquide ! Prends la bouteille délicatement et secoue-la rapidement. En une fraction de seconde, le liquide se transforme en glace !

Même les scientifiques ont du mal à expliquer ce genre de phénomène. L'eau gazeuse, bien que très froide, semble rester à l'état liquide. Quand on secoue la bouteille, les bulles, ou des particules situées sur ses parois, frappent l'eau gazeuse très froide. La glace se forme autour de chaque bulle ou de chaque particule, provoquant une réaction en chaîne.

LE CORPS, UN SUPER-MAGICIEN !

Comme je suis à demi mortelle, il se passe parfois des choses étranges dans mon corps. Par exemple, quand je me blesse le bout du doigt, chaque sort que je jette se termine en désastre. Ou quand j'attrape la grippe des sorcières et que j'éternue, je transmets mes pouvoirs de sorcellerie à ceux qui m'entourent (une fois, je les ai donnés à Libby, tu sais, cette peste qui me rend la vie impossible ! Quelle angoisse !).

Mis à part ces péripéties, je trouve que le corps est magique. Certaines odeurs, par exemple, changent complètement l'humeur, apaisent ou procurent de l'énergie. Certaines couleurs rendent joyeux, d'autres donnent envie de faire de l'exercice. Il existe même des herbes qui rafraîchissent l'haleine, ce qui est génial pour les soirées.

Même les odeurs parlent…*

★★★★★

Quand Tante Zelda se trompe dans les proportions de ses préparations chimiques, je suis toujours très vite au courant. Les odeurs qui se répandent dans toute la maison sont tellement fortes que les poils de Salem se dressent sur son dos. Et lorsque je vais faire des courses avec Valérie dans une de nos boutiques favorites, celle qui vend des bougies et des savons parfumés, par exemple, je sais que certaines senteurs me procurent une sensation de bien-être.

À ce propos, il existe une science qui utilise cette technique pour favoriser dans notre corps les réactions chimiques qui nous procurent ces sensations : c'est l'aromathérapie. La plupart des parfums proviennent de concentrés d'huiles essentielles issues de plantes diverses. Mais il faut une grande quantité de plantes pour produire des huiles. Ainsi, avec environ 125 kg de roses, on extrait 500 g d'essence (mais que font-ils donc des épines ?).

Il est très facile de répandre une odeur dans une maison. Parfois, je me sers de bougies ou je mets une goutte d'huile essentielle sur une assiette d'eau chaude et je la place devant une fenêtre exposée au soleil. Quand l'eau s'évapore, les arômes emplissent la pièce.

Voici mes senteurs favorites et ce que j'ai découvert à leur sujet.

Eucalyptus : les koalas adorent les feuilles d'eucalyptus. Les humains trouvent leur odeur très stimulante. Elle est réputée pour « éclaircir » les idées. Les huiles essentielles sont reconnues comme très efficaces pour lutter contre les insectes.

Lavande : la lavande a une senteur apaisante et rafraîchissante, et son arôme améliore le sommeil. Particulièrement utile en cas de nervosité passagère (c'est parfaitement adapté à mon cas quand je dois passer les tests de ma licence de sorcière !).

Remarque utile : sers-toi de ces huiles essentielles uniquement pour un usage externe, et toujours après avoir demandé la permission à tes parents.

Citron : je parie que tu ne sais pas que ce petit fruit jaune que l'on met au réfrigérateur sert aussi dans les cures d'aromathérapie. Mais c'est vrai : le citron rafraîchit et revigore quand on a un passage à vide.

Menthe : tu connais sûrement le goût de la menthe. Mordre dans une feuille est aussi rafraîchissant que croquer dans une boule de neige. Le goût est sensationnel et permet de rester alerte et frais. Certaines personnes collent même sur leurs tempes des feuilles de menthe trempées dans l'eau, pour chasser les maux de tête.

Rose : le parfum de la rose élève les esprits – je ne parle pas, bien entendu, des fantômes ! Si, par hasard, tu te sens un peu triste, essaie ce parfum. Il te permettra même de rester en forme pendant que tu prépares tes examens (il faudra que je l'utilise quand je passerai mon test d'algèbre).

... Et les herbes aussi !*

Les huiles essentielles ne sont pas les seules à pouvoir apporter du bien-être à ton corps. Certaines herbes ont aussi cette capacité. Non, je ne parle pas d'Herb, l'ami de Tante Hilda ! Je veux parler des plantes que les humains utilisent depuis des centaines d'années pour aromatiser leur nourriture et se soigner, pour leur goût agréable et leur pouvoir médicinal, mais aussi pour leur parfum délicieux et la beauté des jardins.

Tu as sûrement vu des herbes dans les épiceries et tu as dû en goûter dans certains plats, à la maison ou au restaurant : l'origan et le basilic, par exemple, sont utilisés régulièrement. Voici ce que je sais sur ces plantes ; je l'ai lu dans le livre de recettes de mes tantes.

Romarin : le romarin est utilisé dans la cuisine, mais ses feuilles, toujours vertes, exhalent un parfum fantastique. Tu peux dire à tes parents d'en déposer quelques brins sur un barbecue ; il se dégagera un arôme subtil qui se répandra dans le jardin ou envahira ta maison si tu as une cheminée ou un poêle à bois (attention, ne jette jamais rien sur les flammes d'un feu sans l'autorisation d'un adulte). L'huile de romarin peut aussi servir à éloigner les insectes ; mais savais-tu que quelques gouttes sur les tempes permettent d'éviter les maux de tête ?

Persil : tu connais bien sûr le persil et son aspect si particulier. Il y a des siècles, on croyait que seules les sorcières pouvaient faire pousser de telles plantes. Bien entendu, tout le monde sait aujourd'hui que ça n'est pas vrai. Le persil est même une des herbes les plus faciles à cultiver. On s'en sert principalement pour la cuisine. Si tu en croques un brin, tu verras comme il te rafraîchira la bouche, même si tu as mangé de l'ail avant !

Ail : savais-tu que l'ail est une plante utilisée depuis des siècles ? Les soldats romains en mangeaient tous les jours pour se maintenir en forme (j'espère pour eux qu'ils mâchaient en même temps beaucoup de persil !). L'ail est utilisé dans de nombreux plats. Les scientifiques pensent qu'il est bon pour le cœur et la circulation du sang ainsi que pour le système digestif.

Besoin d'aide pour dormir ?

Il est évident que ma façon de dormir est complètement différente de la tienne ou de celle de tes amis. Ainsi que je te l'ai déjà dit, je flotte toutes les nuits (ou presque) dans les airs, à un mètre environ au-dessus de mon lit. Mais j'ai parfois du mal à trouver le sommeil. J'utilise alors une astuce vraiment magique : j'avale un grand verre de lait avant d'aller me coucher et ça m'aide beaucoup. Oui, vraiment ! Et sais-tu pourquoi ?

La raison est simple. D'après les scientifiques, le lait contient une substance chimique, le tryptophane, qui permet au corps de libérer d'autres substances chimiques : la mélatonine (un somnifère) et la sérotonine (un puissant calmant). Tout le monde ne supporte pas bien le lait, mais ceux qui peuvent en boire doivent savoir qu'il favorise vraiment le sommeil.

Ouvre l'œil… l'œil magique !

Beau dessin, non ? Il représente un fantôme et une maison hantée. En tant que sorcière, je peux t'assurer que les fantômes ne vivent pas tous dans de telles maisons. Certains habitent dans des garages, ou de vieilles cabanes.

Ce tour s'appelle « l'œil magique ». Teste-le avant de le dévoiler à tes copains. Regarde fixement le fantôme pendant environ dix secondes, puis jette un rapide coup d'œil juste sous le porche. Que vois-tu ?

Un jour, j'ai fait ce tour à Salem ; il m'a répondu qu'il voyait une grille et une maison hantée en arrière-plan. Mais qu'en sait-il, après tout ? Ce n'est qu'un chat, pas un être humain !

Le contour du dessin du fantôme s'imprime sur le fond de l'œil où de petites cellules absorbent la lumière et la transforment en informations compréhensibles par le cerveau. C'est pourquoi tu dois apercevoir le dessin du fantôme qui ressort sur le fond blanc, sous le porche.

Change de peinture !

★★★★★

T'es-tu demandé d'où venait l'expression « broyer du noir » ? Je n'en savais rien jusqu'au jour où je me suis aperçue que les couleurs avaient une influence sur nous. Elles peuvent ainsi modifier notre humeur, accélérer notre rythme cardiaque et stimuler notre cerveau. Mon professeur de sciences m'a dit que la Station Spatiale Internationale Alpha, qui tourne autour de la Terre depuis un an, allait être peinte dans des couleurs permettant aux astronautes de garder le moral pendant leur long séjour dans l'espace.

Pourquoi les couleurs ont-elles ce pouvoir ? On n'en sait rien. Mais ce qui est sûr, c'est que le bleu aide à la relaxation ; il sert aussi à obtenir de meilleures performances en gymnastique, par exemple. Le rouge procure de l'énergie et nous garde éveillés. Le rose nous calme. Le jaune nous permet de penser avec plus de précision. L'orange remonte le moral, nous rendant plus heureux et plus optimistes. Le vert donnerait plutôt un meilleur équilibre.

Je me demande quelle serait mon humeur si, d'un claquement de doigts, je bariolais les murs de ma chambre avec toutes ces couleurs !

Qui a dit que je n'avais pas froid aux yeux ?

*****

Grâce à mes pouvoirs magiques, j'ai beaucoup de vêtements. Je peux porter presque tout ce que je désire en une fraction de seconde. Bon, mes habits ne plaisent pas toujours à mes tantes... Mais c'est une autre histoire !

Un jour, je suis allée voir un match de foot dans lequel jouait Harvey (OK, il était sur le banc de touche... Mais j'étais quand même venue pour le soutenir !). Je portais un sweat blanc. Il faisait froid malgré le soleil. Valérie était assise à côté de moi, vêtue d'un sweat bleu foncé. Elle ne comprenait pas pourquoi je tremblais des pieds à la tête alors qu'elle, elle avait chaud.

J'ai réalisé plus tard que la magie était à l'œuvre ! Mon sweat clair réfléchissait la lumière du soleil, alors que celui de Valérie l'absorbait, lui procurant une douce chaleur ! Évidemment, je ne vais pas porter ma robe de sorcière noire pour assister au prochain match de foot, mais s'il fait froid, je mettrai mon sweat bleu marine.

Faut-il bannir le mot « sueur » ?

Selon ma tante Vesta, je ne suis jamais en sueur, je transpire ! Quoi qu'il en soit, je sais que je transpire quand je marche trop vite ou quand je dois passer les examens de fin d'année - tout particulièrement quand l'examinateur me pose des questions comptant pour mon diplôme de sorcière.

Mais d'où vient la sueur ? À l'école, nous avons appris que la sueur - je veux dire la transpiration - provenait des glandes situées sous la peau. Quand on a chaud, à la suite d'exercices physiques ou parce qu'on est nerveux, ces glandes produisent une substance liquide appelée « sueur ». C'est en réalité un moyen de rafraîchir le corps. Avant de s'essuyer en sortant d'une douche ou d'un bain, on éprouve une sensation de fraîcheur identique provoquée par l'évaporation de l'eau. Eh bien, la sueur, ou transpiration, s'évapore aussi et produit sur nous le même effet.

Il ne faut pas toujours garder la tête froide !

★★★★★

Si tu es comme moi, tu meurs d'envie de boire quelque chose de frais quand il fait très chaud. D'ailleurs, chaque été, mes tantes, Salem et moi-même dévalisons les marchands de glaces. Hilda commande un cornet à la pistache, Zelda craque pour un sorbet aux fruits et Salem prend une coupe à la vanille avec des paillettes de toutes les couleurs ! Quant à moi, je demande généralement un cornet au chocolat... Et sais-tu ce qui m'arrive quand je croque dans une glace ? J'ai le cerveau qui gèle !

C'est une sensation très connue. C'est un peu comme si on sautait à pieds joints sur ton crâne : tes sinus (les cavités qui relient le nez au crâne) et tes yeux embarquent pour une autre planète... Pluton, par exemple ! Cette sensation s'appelle chez nous « mal de glace ». Tante Hilda m'a donné les explications des savants. Le contact de la crème glacée sur le fond du palais, dans la bouche, active le centre nerveux qui contrôle la circulation du sang vers la tête. Au moment où les nerfs perçoivent la sensation de froid, ils font gonfler les vaisseaux du crâne, et le cerveau gèle !

Heureusement, cette impression ne dure que quelques secondes.

Comment faire pour éviter ça ? Essaie de répartir la glace de chaque côté de ta bouche afin qu'elle ne reste pas trop longtemps en contact avec le milieu du palais. Si tu sens que ton cerveau se refroidit, attends une minute avant de mordre dans la glace et réchauffe ton palais avec ta langue. Mais attention à Salem : il essaiera de te persuader qu'il doit manger ta glace… pour te rendre service !

La « chair de poule », c'est quoi, exactement ?

★★★★★

En fait, la chair de poule devrait s'appeler « chair des hommes qui ont la trouille ou qui ont froid ». Tu as déjà vu une poule avoir la chair de poule, toi ?… Avant qu'on ne la plume, je veux dire !

Un jour, avant de savoir que j'étais une sorcière, je me suis retrouvée bloquée par hasard à l'extérieur de la maison, sans pouvoir entrer. J'ai dû attendre sur le perron, dans le froid, que Tante Hilda daigne revenir d'un concert. Je revois encore les petites boules se former sur mes bras et mes jambes. Ma peau ressemblait à celle d'un poulet plumé ! Pas très appétissant, tout ça !

En réalité, ce n'est pas de la magie. Chaque poil planté dans la peau contient à son extrémité des muscles minuscules qui le font se redresser sous l'action du froid ou de la peur. Ces muscles se contractent, se resserrent, et de légères boursouflures apparaissent autour du poil. C'est ça, la chair de poule !

Mon manuel de magie me signale que les cas les plus fréquents de chair de poule surviennent pendant Halloween !

Hic ! et Atchoum ! ou les réactions magiques du corps

★★★★★

Imaginez toute la classe concentrée sur un devoir, en plein examen. Et soudain : « Atchoum ! », j'ai éternué ! Ou alors : « Hic ! », j'ai avalé mon déjeuner trop vite et j'ai le hoquet ! Tout le monde sursaute et me regarde d'un œil réprobateur. C'est souvent pire que d'avoir un gros bouton sur le nez !

J'essaie alors de me persuader que ce sont des réactions un peu magiques de notre corps. Éternuer, c'est défendre l'organisme contre quelque chose qui irrite le nez - poussière ou autres matières que nous respirons. On commence par inspirer profondément… et c'est l'éternuement. Il peut atteindre 150 km/h ! Une vitesse bien supérieure à celle de mon aspirateur volant de sorcière !… La toux est une cousine germaine de l'éternuement, mais beaucoup plus lente : 60 km/h maximum.

Et le hic… hic… hic…, le hoquet, qu'est-ce que c'est ? C'est un spasme du diaphragme, le muscle situé sous l'estomac, qui contrôle la quantité d'air que nous pouvons introduire dans nos poumons.

Il apparaît généralement quand on mange trop vite, ou trop chaud, ou qu'on est stressé.

Différentes méthodes permettent de se débarrasser du hoquet. Certaines sont efficaces, d'autres pas. En fait, tout dépend des gens. Chacun a la sienne ! On peut avaler du sucre en poudre ou retenir sa respiration pendant un certain temps. Salem, lui, prétend qu'un grand bol de lait lui suffit ! À vérifier !...

MES TOURS DE MAGIE PRÉFÉRÉS

Quand je fais de la magie, mes tantes essaient toujours de me venir en aide. Mais en fait, j'ai surtout besoin de m'exercer le plus souvent possible. N'oubliez pas que j'avais déjà seize ans quand j'ai appris que j'étais une sorcière. Et il en faut, du temps, pour apprendre à jeter un sort !

Je sais qu'il existe des tours que l'on peut faire avec des cartes ou des chiffres. J'en ai trouvé quelques-uns dans mon livre de magie, mais il en existe beaucoup d'autres. Même s'il est souvent insupportable, Salem m'en a appris certains qu'on lui avait enseignés il y a quelques siècles. Bien que je connaisse leurs secrets, ils me paraissent toujours magiques !

Sois carré !

★★★★★

Moi, ce sont surtout les chiffres qui me semblent magiques ! Ils permettent de faire l'appoint pour rendre la monnaie dans les magasins, de connaître la quantité de farine nécessaire pour faire un gâteau... mais aussi de savoir dans combien de jours Harvey et moi allons passer notre prochaine soirée ensemble... Et ça, c'est une chose que je ne veux pas manquer !

Les chiffres ont d'autres pouvoirs, en particulier les carrés magiques qui, d'après Salem, ont été inventés par les Chinois il y a plusieurs siècles. Il a certainement raison, il vit depuis si longtemps ! Le tour que je vais te montrer est connu sous le nom de « Ordre des 3 », car il comporte trois rangées et trois colonnes. Les chiffres inscrits paraissent magiques parce que leur addition ou leur multiplication équivaut toujours à un multiple du chiffre inscrit au centre. Certaines personnes considèrent même le premier carré (*lo-shu* en chinois) comme un porte-bonheur.

4	9	2
3	5	7
8	1	6

Premier carré

7	12	5
6	8	10
11	4	9

Deuxième carré

16	36	8
12	20	28
32	4	24

Troisième carré

Je m'explique : dans ce premier carré, l'addition des chiffres, que ce soit dans le sens vertical, horizontal ou diagonal, donne toujours 15, soit 3 fois 5. Il suffit d'ajouter 3 à chacun de ces chiffres pour obtenir le deuxième carré, où le résultat des additions est toujours 24, soit 3 fois 8. Enfin, en multipliant chaque chiffre du premier carré par 4, on obtient le troisième carré, où les additions donnent 60, soit 3 fois 20 ! Salem me montre parfois des tours super… Parfois seulement !

Je connais ton âge !

★★★★★

Deviner l'âge de Salem ou de mes tantes ? C'est beaucoup trop risqué ! Hilda est allée en classe avec Galilée ; imaginez un peu les discussions qu'ils devaient avoir ensemble !

Puisqu'on parle d'âge, sais-tu qu'il existe un moyen magique de calculer celui de tes copains et copines ? Ça a un rapport avec ces nombres magiques, et en particulier le 9. À mon avis, ce n'est qu'un chiffre, mais d'après Salem, on lui prête des propriétés mystérieuses depuis des siècles.

Alors, comment deviner l'âge d'un copain ? Demande-lui d'abord de l'inscrire sur un morceau de papier, sans te le montrer. La seule chose qu'il doit te dire c'est si ce chiffre est supérieur, égal ou inférieur à 10.

Dis-lui ensuite d'écrire le nombre magique (le 90) sous celui de son âge, et d'additionner les deux. Il doit alors supprimer le premier chiffre du total obtenu, puis l'ajouter au total restant si son âge est égal ou supérieur à 10 ans, ou le soustraire s'il a moins de 10 ans.

Pour finir, demande à ton copain de te communiquer ce nouveau total, et ajoute-lui le 9 magique.

Et voilà ! Le résultat correspond à son âge. Cela te paraît peut-être un peu compliqué, mais avec les exemples suivants, tu t'en sortiras très facilement !

Exemple pour un copain de 10 ans ou plus :

12	**(son âge réel tenu secret)**	12
+ 90	**(le nombre magique)**	+ 90
102	**Supprimer le premier chiffre de ce total**	→ 02
	Ajouter 1 :	+ 1
		= 3
	Ajouter 9 :	= 12 ans

Exemple pour un copain 10 ans ou moins :

8	**(son âge réel tenu secret)**	8
+ 90	**(le nombre magique)**	+ 90
98	**Supprimer le premier chiffre de ce total**	→ 8
	Enlever 9 :	- 9
		= -1
	Ajouter 9 :	= 8 ans

Les rois de l'astuce

★★★★★

Quelquefois, je joue aux cartes avec des copains. Nous jouons à des jeux que tout le monde connaît, comme la bataille ou l'ascenseur. Un jour, après leur départ, Salem m'a raconté le tour que lui avait révélé un roi qui vivait au Moyen Âge. Écoute bien : en exécutant ce tour, tu peux aussi devenir conteur d'histoires. Génial, non ?

Salem enleva tous les rois du jeu, et les étala en éventail en les montrant à l'assistance. Puis il glissa sous les rois quatre autres cartes, de façon que l'assistance ne puisse pas les voir.

Et il commença à relater l'histoire qui accompagne ce tour de magie : « Il y a bien longtemps, quatre rois vivaient dans un immense château. Les voilà. » Tante Hilda, qui était entrée dans la pièce, s'approcha de la table, referma l'éventail constitué des huit cartes et le retourna.

Les rois se retrouvèrent donc sous les quatre autres cartes. Alors Salem reprit le tout et le posa sur le reste du jeu, côté pile.

Les rois se trouvaient donc toujours sous les quatre autres cartes.

« Le reste du jeu représente le château, poursuivit Salem. Un jour, Sabrina frappa à la porte » (Salem frappa aussi sur le jeu de cartes). « Les rois étaient réunis près de la porte, au premier étage. Regardant par la fenêtre, ils se mirent à crier : “Oh ! Non ! C’est Sabrina !” Puis ils se dispersèrent. Le premier roi ainsi que le deuxième s’enfuirent au rez-de-chaussée » (à cet instant, Tante Hilda enleva les deux cartes du dessus du jeu et sans me les montrer, les glissa au milieu du paquet).

« Les deux autres rois s’enfuirent à la cave ! » (Hilda plaça successivement les deux cartes suivantes au-dessous de celles qu’elle venait de déplacer).

« Mais Sabrina perdait patience ; elle n’était encore qu’une sorcière en herbe. Ce qu’elle voulait, c’était voir les rois tous ensemble sur le même palier. Elle pointa donc son index et abracadabra ! » (Salem donna un coup de patte sur le dessus du jeu).

« Voilà les rois revenus au premier étage, avec Sabrina ! » Effectivement, les rois étaient bien sur le dessus du paquet !

Pas mal, hein ?... pour un chat !

Ne perds pas la carte !

Comme tu l'as remarqué, Salem a plus d'un tour de magie dans son sac ! Mais il n'est pas le seul. Harvey, mon petit copain, en connaît quelques-uns aussi ! Voici ce qu'il m'a appris :

Mets toutes les cartes du paquet sur la table. Elles doivent être tournées vers l'intérieur, faces cachées, sauf la dernière. Fais choisir une carte à un ami qui ne connaît pas le tour (évidemment !). Pendant qu'il la regarde, retourne le paquet. Toutes les cartes se retrouvent désormais à l'endroit, sauf celle du dessus : elle est à l'envers. Demande à ton ami de replacer sa carte au milieu du paquet, où il veut. Elle sera à l'envers, parmi toutes les autres qui sont à l'endroit !

Distrais alors son attention pour pouvoir retourner le paquet une fois de plus, de façon que les cartes soient toutes à l'envers. Il ne te reste plus qu'à le bluffer en retrouvant sa carte dans le paquet : c'est la seule qui soit à l'endroit. Mais attention à ne pas lui montrer la dernière carte du paquet, qui l'est aussi !

Eh bien, crois-moi si tu veux, mais même Salem a eu un mal fou à comprendre le truc !

JE N'EN CROIS PAS MES YEUX !

Je me souviens d'un jour de pluie monotone et ennuyeux. Toute cette eau me tapait sur le système et me déprimait. Puis j'ai réalisé que ce spectacle me détendait. Il me reposait et me faisait oublier la journée galère que j'avais passée. Les yeux nous jouent parfois des tours magiques ! Ils peuvent se « moquer » de nous ou nous inciter à réfléchir. Tu vas voir, je vais t'expliquer…

Mieux qu'Aladin et sa lanterne magique... Sabrina et sa bouteille magique !*

Le placard à linge de la maison permet d'aller dans l'Autre Monde. Là-bas, mes tantes, Salem et moi rencontrons d'autres sorcières et Drell, le patron du Conseil des sorciers. Drell est sympa, mais il se laisse parfois emporter par ses envoûtements – comme le jour où il a transformé ma copine Jenny en sauterelle simplement parce que c'est une mortelle. Et vraiment, ce n'était pas sa faute si elle avait atterri dans l'Autre Monde en allant chercher une serviette de toilette dans le placard ! Mais Drell n'est pas le seul coupable. Mes tantes aussi n'ont pas leur pareil pour jeter des sorts. Et pour s'amuser avec des lampes de poche !

Regarde un peu le tour que Zelda m'a montré : prends une torche électrique, une bouteille en plastique (un litre et demi fera l'affaire), un clou très long et quelques journaux. Remplis complètement la bouteille d'eau et renverse-la pour t'assurer qu'elle ne fuit pas. Place-la sur le flanc, le goulot reposant sur l'évier.

Allume la torche et éclaire le fond de la bouteille. Enveloppe dans du papier la torche et la moitié de la bouteille (en maintenant sur le fond de cette dernière le haut de la torche). La lumière éclaire son contenu ! Puis tout en continuant à maintenir la partie découverte de la bouteille au-dessus de l'évier, demande à un adulte de percer un trou sur le côté avec un clou. Dévisse suffisamment le bouchon pour laisser entrer l'air tout en évitant à l'eau de couler par le goulot. Place ton doigt sous le filet d'eau qui coule par le trou.

Et là… c'est magique ! La lumière s'écoule sur ton doigt en même temps que l'eau !

Que s'est-il passé, exactement ? La lumière de la lampe passe au travers de la bouteille et en ressort avec l'eau par le petit trou fait par le clou.

Quelle drôle de tête !

★★★★★

L'autre jour, j'ai acheté un tableau à mes tantes. Hilda l'a trouvé très joli mais Zelda a fait la grimace. La première affirmait que c'était le portrait d'Istan et Bull, ses deux cousines jumelles, et qu'elle n'avait jamais vu de tableau plus réussi. La seconde n'était pas du tout d'accord : pour elle, il s'agissait de la représentation d'un vase en verre qu'elle avait vu en Autriche quelques siècles auparavant. Zelda pensa que Hilda avait perdu la raison, et Hilda eut la certitude que Zelda était devenue maboule. Salem, lui, les trouva toutes les deux folles !

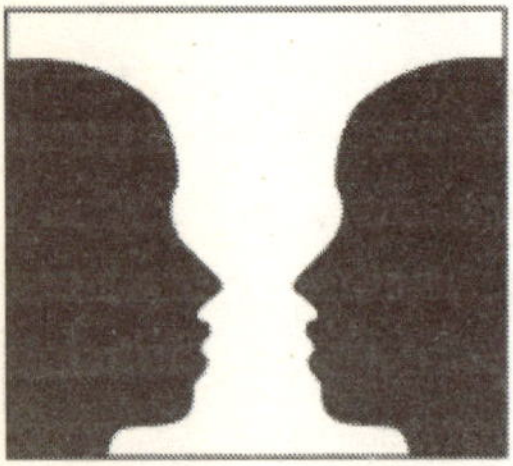

Alors, regarde bien ce tableau. Qu'en penses-tu ?

En fait, les deux réponses sont exactes ! Le dessin peut représenter deux visages humains ou un vase. C'est ce qu'on appelle « une illusion d'optique ». Comme si ton cerveau te disait : « C'est un visage… Non, attends une seconde, c'est un vase ! » En d'autres termes, le cerveau compare le dessin à quelque chose qu'il connaît déjà et cherche ce qu'il peut représenter.

Comment ne pas perdre le nord...

★★★★★

Mes tantes sont nées au XIVᵉ siècle, bien avant l'invention du téléphone, d'Internet et de la télévision. Cette époque devait être terrible ! Moi qui ai horreur de rater mes séries favorites ! Mes tantes ne portaient pas de montre, mais elles utilisaient un cadran solaire pour connaître l'heure. Selon Hilda, le plus pénible, c'était la nuit ou les jours sans soleil. Elles ont dû en passer, des soirées ennuyeuses, les pauvres !

C'est pourtant sympa de calculer l'heure grâce au soleil. Un jour, mes tantes m'ont aidée à fabriquer un cadran solaire, pour un devoir de sciences. D'abord, il faut savoir où se trouve le nord. Le plus simple est d'avoir une boussole. Ensuite, il faut connaître la latitude du lieu où l'on se trouve. Le mieux, c'est bien sûr de consulter un atlas. En général, les cartes permettent de se repérer. Paris, par exemple, se trouve à 48° environ de latitude Nord, Londres à 51° et Madrid à 40°.

Pour fabriquer ton cadran, prends une feuille de carton épais et découpe-la en deux morceaux de 13 cm x 22,5 cm. Puis munis-toi d'un crayon neuf, d'un compas, d'un rapporteur, d'une aiguille, d'un stylo, d'un rouleau de scotch et d'une règle. Place un des morceaux de carton sur une table et recouvre-le avec le second morceau, puis fixe les deux ensemble dans le sens de la largeur, à l'aide du scotch. Avec la règle, marque le point situé à 12,5 cm du bas et à 7,5 cm de chaque côté du morceau de carton supérieur. Place la pointe du compas au centre et décris un cercle de 12,5 cm de diamètre.

Tire un trait depuis le centre jusqu'au bas du cercle, puis, à l'aide du rapporteur, marque un point au crayon tous les 15° de part et d'autre, soit cinq points de chaque côté de la ligne médiane. Sur la partie gauche, inscris les chiffres des heures 18-17-16-15-14-13 ; et sur la partie droite, 11-10-9-8-7-6. La ligne du milieu désigne le 12 (midi).

Avec la pointe de l'aiguille, fais un trou au centre du cercle, par lequel tu vas introduire le crayon en lui conservant un angle de 90° par rapport au carton. Écarte ou rapproche le carton du haut (appelé gnomon) du carton du bas, de manière que l'angle qu'ils forment corresponde à ta latitude.

Et maintenant, il ne te reste plus qu'à sortir avec le cadran solaire et à le poser sur une surface plate. Oriente le gnomon vers le nord et observe attentivement le cadran. Il doit indiquer à peu près l'heure exacte. J'adore ce genre d'instruments magiques !

Si tu as du mal à suivre mes instructions, aide-toi de mon dessin.

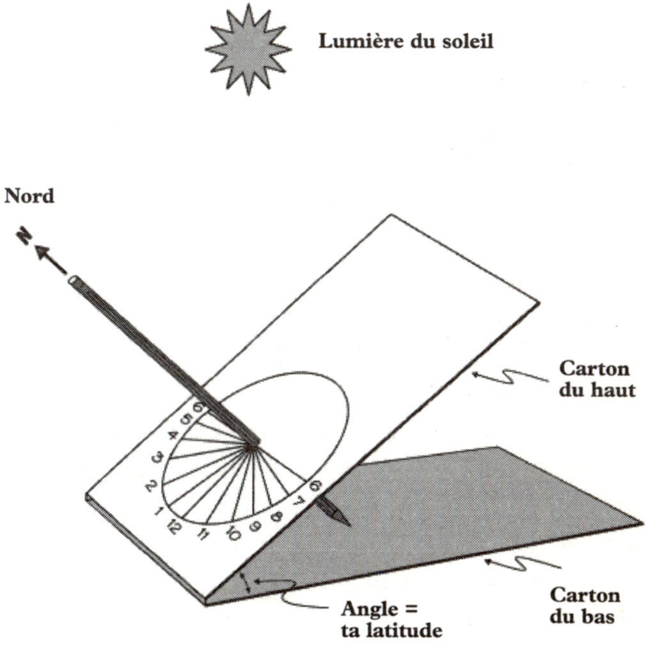

Trouver son chemin, ce n'est pas sorcier !

Quand je retourne à l'école après les grandes vacances, je n'arrête pas de me perdre dans les couloirs et je mets des heures à trouver ma salle de classe. C'est dans ces moments que j'aurais besoin, comme Christophe Colomb, d'une bonne boussole pour me guider.

D'ailleurs, je connais un moyen d'en fabriquer une rapidement pour ne pas perdre le nord ! Ça t'intéresse ? Alors, il te faut un aimant, des aiguilles, un petit morceau de papier bulles et un bol rempli d'eau. Frotte la pointe d'une aiguille contre l'aimant afin de l'aimanter aussi. Déchire un petit morceau du papier bulles et perce-le avec l'aiguille de façon qu'elle ressorte de l'autre côté. Place ensuite ce morceau de papier sur l'eau ; l'aiguille aimantée indique le nord et le sud.

Pour te repérer, regarde de quel côté le soleil se lève : c'est l'est ! Le nord se trouve donc sur la gauche et le sud sur la droite. Marque le nord en traçant un “ N ” sur le papier. Et voilà ! Tu as fabriqué ta propre boussole en moins de temps qu’il ne m’en faut pour jeter un sort !

Et vogue le navire !

J'ai déjà fait du ski sur Mars et la sieste dans l'Autre Monde, mais je ne me souviens pas avoir fait du bateau. Se retrouver au soleil, au grand air et à la mer doit être super… enfin, tout dépend de la planète, je suppose… Mais là, j'aurais deux difficultés : il faudrait que je choisisse un maillot de bain et une bouée de sauvetage pour Salem ! Quelle est sa taille ?

Enfin, passons aux choses sérieuses : sais-tu qu'il est possible de faire du bateau même si l'on ne possède pas de yacht et qu'on ne se trouve pas à proximité d'une vaste étendue d'eau ? Il faut pour cela un morceau de carton épais ou de bois léger, une paire de ciseaux, un petit morceau de savon et un bol rempli d'eau. Découpe le carton ou le bois pour former un triangle. Fais une entaille dans la partie plate à l'arrière, et places-y le morceau de savon. Pose-le sur l'eau et regarde le bateau voguer…

Que s'est-il passé ? C'est un peu le même principe que pour repousser ou attirer les cure-dents, sauf que le bateau en carton est plus grand. Le savon affaiblit les molécules de savon à la surface de l'eau, abaissant ainsi la pression ; le bateau est alors tiré vers l'avant, partie où la tension de l'eau est la plus forte. Évidemment, s'il était plus gros, le morceau de savon ne suffirait pas… mais ce petit canot est déjà marrant !

Un couvercle anti-fuites, c'est vraiment magique !

Cette expérience, je l'ai faite par hasard, un jour où je lavais la vaisselle à la main, sans machine ni tour de magie. Il est préférable de la reproduire au-dessus de l'évier (elle ne réussit pas à tous les coups).

Il te faut un verre propre et un morceau de carton ou de plastique. Remplis le verre d'eau à ras bord, puis introduis le carton jusqu'à ce qu'il touche l'eau et qu'il bouche complètement le verre. Tout en maintenant le carton d'une main, retourne le verre avec précaution puis retire lentement ta main. Le « couvercle » reste en place ; normalement, l'eau ne s'écoule pas hors du verre.

Que s'est-il passé ? La pression de l'air suffit à maintenir le carton en place, mais si tu enfonces un coin du carton, l'eau jaillira du verre.

Il ne faut jamais manquer d'air !

Frais ou chaud, l'air est indispensable car il permet aux mortels, aux sorcières ou aux chats de respirer. Mais il a d'autres vertus.

Sais-tu que, sans lui, certaines réactions ne peuvent pas se produire ? Notamment le feu ! Le feu a besoin d'oxygène. Sans air, il ne peut donc y en avoir ! Pour le vérifier, tente donc cette petite expérience, mais uniquement en présence d'un adulte.

Prends une bougie qui peut tenir droite et un bocal en verre (pas en plastique bien sûr !) Demande à un adulte d'allumer la bougie et recouvre-la avec le bocal. Au bout de quelques minutes, la flamme faiblira et la bougie s'éteindra sans qu'on ait besoin de souffler dessus.

Que s'est-il passé ? C'est de la magie de tous les jours, qui n'est pas réservée aux sorcières. La flamme a besoin d'oxygène pour pouvoir brûler. Quand tu as couvert la bougie avec le bocal, la flamme a utilisé tout l'oxygène contenu dans ce bocal. C'est pourquoi elle s'est éteinte toute seule.

Aplatir une bouteille en plastique ? Fastoche !

★★★★★

L'air a-t-il d'autres pouvoirs ? Eh bien, oui : celui de ratatiner des bouteilles en plastique, par exemple. Bien sûr, mes tantes et moi pouvons le faire en recourant à la magie, mais cela n'a vraiment rien de sorcier puisque Harvey lui-même y arrive… Ma copine Valérie et moi aussi… Sans aucun tour de passe-passe ! Alors, tu veux essayer ? Rien de plus simple : il suffit d'air et de chaleur.

Prends une bouteille en plastique (une bouteille de lait est idéale) en vérifiant que le bouchon se visse bien. Ouvre le robinet d'eau chaude et fais-la couler jusqu'à ce qu'elle soit presque bouillante ; attention à ne pas te brûler ! Puis place la bouteille ouverte sous l'eau pendant environ trente secondes. Vide l'eau et revisse aussitôt le bouchon. Mets la bouteille au réfrigérateur et laisse-la reposer trois à quatre minutes. Quand tu reviendras la chercher, tu verras qu'elle s'est complètement aplatie, comme par magie !

L'explication est simple : la vapeur contenue dans la bouteille se condense et redevient liquide en refroidissant. Du coup, la pression à l'intérieur de la bouteille diminue. Mais à l'extérieur, la pression de l'air étant plus élevée, la bouteille s'affaisse, ou se dégonfle, si tu préfères.

JE N'EN CROIS PAS MES OREILLES !

Si je vois parfois des trucs bizarres, j'en entends aussi. La plupart du temps, les trucs bizarres sont provoqués par Salem, qui veut attirer mon attention pour que je lui caresse le ventre. Mais il m'arrive aussi de regretter de ne pas avoir entendu certaines choses, comme les cours à réviser pour mon prochain examen de trigonométrie. Enfin… voici quelques tours de magie qui me permettent de mieux écouter et d'être plus attentive… en classe, par exemple !

Vive la musique !

★★★★★

Certaines musiques entraînantes me donnent des fourmis dans les jambes tellement je veux danser. D'autres m'aident à me sentir si bien que j'ai envie de chanter toute seule ! Salem, quant à lui, est connu pour battre la mesure avec sa queue et se mettre à se trémousser si le rythme lui plaît. Mais ne dis pas que je te l'ai répété !...

Certaines musiques nous toucheraient-elles plus que d'autres ? Les scientifiques semblent le confirmer et les résultats des expériences sont parfois véritablement magiques. Il y a des musiques qui chassent la tristesse, redonnent de l'énergie ou nous réconcilient avec nous-même ! La musique peut aussi stimuler notre créativité ou nous aider à apprendre plus vite des langues étrangères. Bien sûr, les goûts sont différents ; on peut aimer le jazz, le classique ou le rock. Mais la plupart des musiques aident à se sentir mieux.

Tiens, je vais aller mettre un CD !

Un peu moins fort, le klaxon !

★★★★★

Depuis que j'ai mon permis, je conduis souvent. En revanche, mes tantes et moi avons décidé de ne plus laisser Salem seul au volant. Il met des poils partout et surtout il adore appuyer sur le klaxon. Il nous rend toutes folles !

La dernière fois que Salem a pris la voiture en compagnie de Hilda, j'étais sur la pelouse en face de la maison. Comme d'habitude, Salem avait la patte scotchée sur le klaxon. C'était terrible. Et là, j'ai découvert une chose étonnante : tant que la voiture roulait dans ma direction, le son était aigu, et dès qu'elle fut passée devant moi, il devint plus grave. Pourtant, c'était bien le même klaxon !

Intriguée, je suis allée questionner mon vieux professeur de sciences, M. Pool. Il m'a expliqué qu'il s'agissait d'un phénomène scientifique étrange, découvert il y a une centaine d'années.

Je soupçonne donc Salem et ma tante d'avoir connu Christian Doppler, le physicien autrichien qui en a démonté les mécanismes. Cet effet d'acoustique est d'ailleurs appelé « effet Doppler ».

Que s'est-il passé ? Tandis que Salem klaxonnait comme un fou et que la voiture se rapprochait de moi, les ondulations produites par le son étaient compressées, rendant ce son plus aigu. Alors que l'auto s'éloignait, les ondes, en décompressant, augmentaient la gravité du son.

Quoi qu'il en soit, j'interdis formellement à Salem de conduire ma voiture !

Une vraie guitare de pro !

Si tu es comme moi, tu dois souvent rêver de jouer dans un groupe de musique. Mais qu'y faire ? De la guitare ? De la batterie ? Être la chanteuse ? Tu sais, même pour une sorcière, il n'est pas toujours facile de se décider ! Moi, j'ai tout essayé. J'ai commencé par le chant, mais Salem s'est mis à hurler. J'ai ensuite essayé la batterie, mais mes tantes m'ont dit qu'il fallait que j'apprenne d'abord à garder le rythme. J'ai donc été obligée de choisir un autre instrument. J'ai pris mon bouquin de magie et je l'ai ouvert à la lettre M, comme « musique ». Et voilà ce que j'y ai trouvé : « guitare ». Le problème, c'est que je n'en ai pas. Alors, je me suis reportée à la rubrique : Comment fabriquer une guitare ? Et je m'y suis mise ! Si j'y suis arrivée, tu y arriveras aussi !

Voici ce que dit le manuel : « Il faut quatre ou cinq élastiques de longueurs et d'épaisseurs différentes, une boîte de mouchoirs en papier avec un trou ovale sur le dessus, deux morceaux de bois de la largeur de la boîte et d'environ 1,5 cm d'épaisseur.

Une fois ce matériel rassemblé, étire les élastiques sur le dessus de la boîte en les espaçant de 1,5 cm. Puis introduis les deux morceaux de bois sous les élastiques, de chaque côté de la boîte, de façon que les « cordes » ne touchent la boîte qu'aux deux extrémités, comme le chevalet d'une guitare. »

Et maintenant, place à la magie ! En grattant les élastiques, tu obtiendras des sons... Des sons différents, graves ou aigus, suivant que tu auras plus ou moins tendu les élastiques. Il te suffira d'accorder la guitare et de t'exercer jusqu'à ce que tu parviennes à jouer un air !

Tu sais jouer de la bouteille ?

J'ai essayé de persuader mes tantes de m'accompagner avec d'autres instruments. On aurait pu créer ainsi notre orchestre magique. Mais elles n'ont pas aimé le nom du groupe que j'ai choisi : « SABRINA et ses tantes. » Elles ont trouvé que je me mettais trop en avant. Tant pis pour elles !

Évidemment, elles n'avaient pas choisi d'instruments. Une fois de plus, j'ai dû consulter mon livre. J'y ai trouvé quelques suggestions. Elles auraient pu tenter la clarinette, le hautbois, la trompette ou même le trombone. Cela te tente ? Alors, essaie toi-même ! En utilisant, par exemple, des tubes de bois ou de métal de tailles variées, tu peux obtenir des sons très différents. Comment les fabriquer ? Rien de plus simple.

Prends cinq bouteilles en verre vides. Remplis la première presque entièrement, la deuxième au trois quarts, la troisième à moitié, la quatrième au quart, et laisse la dernière vide. Maintenant, souffle sur chacun des goulots ; il en sort des notes différentes. Sais-tu qu'on peut arriver au même résultat en tapant sur les bouteilles avec une cuillère en bois ? Génial, non ?

Que s'est-il passé ? L'air contenu dans les bouteilles vibre chaque fois qu'on souffle sur le goulot. Plus il y a d'eau, moins il y a d'air, plus le son est aigu. On peut donc varier la hauteur des notes en remplissant plus ou moins les bouteilles.

LA MAGIE AU GRAND AIR

Quel temps fait-il dehors ? Le soleil brille, les oiseaux chantent et… les arbres et les plantes vivent ! Mais oui ! Ils vivent vraiment. Enfin… Je vais t'expliquer ! J'adore les observer attentivement.

Les plantes aussi peuvent transpirer !

★★★★★

As-tu déjà vu une plante en train de transpirer ? C'est super !

Prends un sac en plastique transparent et couvre les feuilles d'une plante (une plante d'appartement fera l'affaire). Noue-le à l'extrémité de la tige, au niveau du sol. Attention : aucune autre partie de la plante ne doit entrer en contact avec le sac. Laisse cette plante au soleil quelques heures. Youpi ! elle transpire. Nous transpirons tous quand nous faisons de l'exercice. Mais la plante ne bouge pas ! Comment a-t-elle pu produire de la sueur ?

Que s'est-il passé ? En réalité, cette plante ne transpire pas. Elle « exsude », ce qui signifie qu'elle libère de l'eau dans l'air. C'est le cycle naturel des échanges sur la Terre.

En fait, certains grands arbres perdent chaque jour des dizaines de litres d'eau par évaporation, ou par transpiration, si l'on veut. Il ne reste qu'à enlever le sac de plastique et à laisser la nature accomplir sa magie !

Et maintenant, place à la magie nocturne !

Salem, mes tantes et moi, nous nous installons souvent dans le placard au premier étage. Comme je te l'ai dit tout à l'heure, c'est par là que nous passons dans l'Autre Royaume et que nous rendons visite au Grand Conseil des sorciers. Mais nous ne fréquentons pas les autres placards de la maison, il y fait trop noir. Cependant, c'est un endroit idéal pour réaliser certains tours de magie.

Il te faut des graines, grosses de préférence (par exemple des haricots), quelques serviettes en papier, une feuille de papier aluminium ou un moule à biscuits. Mouille les serviettes et recouvre le moule avec ces dernières. Dépose quelques graines dessus. Laisse reposer le tout dans le noir et vérifie chaque jour que les serviettes restent humides. Si besoin est, asperge-les d'eau en faisant bien attention à ne pas les tremper. Au bout de une semaine tout au plus, la plupart des graines se seront ouvertes.

Tu verras : certaines enflent, d'autres font des pousses qui ressemblent à des poils... Et si tu mets ces germes en terre, ils pousseront sans problème.

Mini-haricot deviendra grand !

★★★★★

Je t'ai déjà avoué que j'avais raté la recette des haricots sauteurs : ils s'étaient précipités dans la cour et avaient grandi à toute vitesse. On n'en avait jamais vu d'aussi grands. Malgré cet échec, j'ai décidé d'utiliser la même recette pour faire pousser des tomates. J'ai réussi... seulement elles étaient tellement gigantesques qu'une seule aurait suffi à faire de la sauce tomate pendant au moins un an ! Malheureusement, j'ai oublié ce que j'avais trafiqué ! Mais j'aime aussi les plantes de taille normale. Et la transformation d'une toute petite graine en un légume aussi gros qu'une carotte est vraiment magique ! N'oublie surtout pas que, comme les humains, les plantes ont besoin de soleil pour mieux pousser.

Allez, on y va ! Prends une poignée de graines (les haricots sont les plus rapides à germer), un petit bocal en verre rempli de terre et une boîte à chaussures ou un récipient quelconque muni d'un couvercle.

Plante une ou deux graines dans le bocal et arrose-les tous les deux jours jusqu'à ce qu'elles commencent à pousser. La vitesse de croissance dépend de la qualité des graines. Fais un trou d'environ 3 cm de chaque côté de la boîte. Mets le bocal à l'intérieur de cette dernière et referme le couvercle. Enfin, place la boîte dans un endroit ensoleillé de façon que la lumière du soleil éclaire les trous. Continue d'arroser tous les deux jours. Tu remarqueras que les tiges commencent à se diriger vers la lumière en passant par les trous.

Sais-tu ce qui s'est passé ? Je l'ai lu dans mon livre de sciences. De même qu'un insecte, la nuit, se dirigera vers une lampe, la plante s'oriente vers la lumière du soleil. Cette lumière lui procure l'énergie nécessaire pour assimiler la nourriture et grandir. Comme nous, elle a besoin de manger pour se développer.

Une fleur bicolore, c'est possible !*

La semaine dernière, Harvey m'a invitée à une soirée chic. Il tenait à porter une fleur sur le revers de sa veste et a choisi une fleur blanche ; moi, je voulais qu'il en porte une bleue… Non, une rouge, plutôt !… Aïe, aïe ! L'heure de la soirée approchait et je ne parvenais pas à me décider…

Eh bien, devine ce que j'ai fait ? Non, je ne me suis pas contentée de claquer des doigts pour changer la couleur de la fleur… J'ai eu recours à une magie parfaitement naturelle que tu peux utiliser, toi aussi !

Il te faut simplement un œillet blanc pourvu d'une longue tige, des colorants alimentaires (du bleu et du rouge), une paire de ciseaux, deux verres et une tasse d'eau du robinet (fraîche). Demande à un adulte de t'aider à couper la tige de l'œillet en deux, dans le sens de la longueur ; pars de la base de la tige et coupe jusqu'à la moitié vers le haut. Verse une moitié de la tasse d'eau dans chaque verre et ajoute suffisamment de colorant pour obtenir un verre d'eau bleu foncé d'une part, et un verre d'eau rouge foncé de l'autre. Puis trempe un côté de la tige dans le premier verre, et l'autre côté dans le second. Laisse reposer pendant 48 heures environ... Abracadabra ! Tu obtiens une fleur bicolore !

Que s'est-il passé ? L'eau de chaque verre est remontée le long des petits tubes à l'intérieur de la tige, colorant un côté en bleu et l'autre en rouge ! C'est également par ces tubes que les sels minéraux qui se trouvent dans le sol pénètrent dans la tige des plantes.

Quoi qu'il en soit, la fleur bleu et rouge que j'ai créée pour Harvey a fait un malheur à la soirée !... Il a eu beaucoup de succès. Beaucoup trop, à mon goût !...

Toute la magie d'une carte de vœux...

★★★★★

J'oublie souvent d'acheter des cartes d'anniversaire. Bien sûr, je peux en fabriquer en claquant des doigts. Mais j'aime aussi en créer. C'est sympa : je ramasse des fleurs et j'écris de courts poèmes pour mes amis. Récemment, j'ai fait une carte pour Salem. Il l'a adorée !

Alors, toi aussi, crée tes cartes de vœux magiques ! Prends du papier cartonné, cueille des fleurs des champs assez petites pour pouvoir être disposées sur la surface de la carte. Il te faut aussi des serviettes en papier, de la colle ou un rouleau de scotch. Dispose soigneusement les pétales sur deux serviettes en papier, et recouvre-les avec deux autres (les pétales doivent être bien à plat). Place ensuite le tout sous un gros livre — dictionnaire ou annuaire de téléphone, par exemple.

Laisse sécher les pétales pendant plusieurs jours (compte une bonne semaine si le temps est humide). La sève s'étant évaporée, ils deviennent secs et rigides. Il ne te reste plus qu'à coller ou scotcher ces pétales séchés sur ta carte ! Avec un peu d'imagination, tu peux aussi décorer des marque-pages ou des boîtes.

Incroyable ! On peut même changer la couleur de l'herbe.

★★★★★

Tu sais que je suis un peu tête en l'air, n'est-ce pas ? Par exemple, j'ai sorti une plante en pot afin qu'elle prenne le soleil et je l'ai posée sur le gazon. Mais je l'ai oubliée pendant plusieurs jours. Lorsque je suis allée la rechercher, j'ai remarqué un étrange phénomène ; sous le pot, le vert du gazon s'était éclairci, comme si j'avais passé une couche de peinture beige !...

La plante m'avait joué un tour de magie à sa façon. Tu peux tenter l'expérience sur un coin de pelouse, mais en t'assurant d'abord que tes parents sont d'accord. Il te faut un couvercle ou un pot de terre cuite. Place le couvercle ou le pot sur un coin du gazon et laisse-le là une semaine. Puis viens le rechercher et observe le résultat.

Que s'est-il passé ? Les plantes, y compris l'herbe, contiennent une substance chimique verte, la chlorophylle, qui leur donne leur couleur. Si on lui enlève la lumière du soleil, une plante ne sécrétera plus cette substance et deviendra vert pâle, puis jaune. En d'autres termes, si la lumière lui fait défaut, elle ne survivra pas… Une bonne raison de laisser les plantes se gorger de soleil, non ?

*Voilà ! Je t'ai livré
une partie de mes secrets...
Tu l'as sans doute remarqué : on ne peut pas
toujours tout résoudre d'un coup de baguette
magique ! Évidemment, je m'en sers souvent,
mais je suis aussi émerveillée par la magie
de la nature qui nous entoure, de la vie
quotidienne, de ce que nous pouvons
entendre, toucher ou sentir.
Je suis certaine que tu as déjà imaginé
tes propres tours de magie ; et pour cela,
tu n'as même pas eu besoin d'utiliser les
produits du laboratoire de Tante Zelda ou
d'aller rendre visite à l'Autre Royaume.
Alors, ne t'arrête pas en si bon chemin !
Regarde attentivement autour de toi, pose des
questions... Et, surtout, n'oublie pas de noter
toutes les découvertes « magiques »
que tu feras dans les pages qui suivent.
Elles sont pour toi ! Tu auras ainsi
ton manuel de magie personnel.
Continue à surprendre tes copains
aussi souvent que possible...
Et amuse-toi, par la même occasion !*

Sabrina

Note ici toutes tes découvertes. Ainsi, tu auras ton manuel de magie personnel !

Comme Sabrina

occupants comme leurs voisins à un danger mortel. Personne ne savait comment les fermer pacifiquement ; personne en fait ne semblait croire que ce fût possible. Cette histoire du Rwanda me tracassait depuis quelque temps déjà, et je décidai d'étudier en quoi les tueries de Kibeho étaient liées et comparables au génocide qui les avait précédées. Selon l'orthodoxie actuelle des droits de l'homme, pareilles comparaisons sont taboues. « Quelle que soit l'importance des atrocités commises d'un côté, elles ne peuvent jamais justifier des atrocités similaires de l'autre », déclare ainsi Amnesty International. Mais que signifie « similaire » dans le contexte d'un génocide ? Une atrocité est une atrocité, et par définition injustifiable, non ? Une question plus pertinente est de savoir si l'affaire se réduit à des atrocités.

Prenez la marche du général Sherman à travers la Géorgie à la tête de l'armée nordiste vers la fin de la guerre de Sécession : politique de la terre brûlée accompagnée de meurtres, de viols, d'incendies criminels et de pillages systématiques — le parfait exemple du déni absolu des droits de l'homme. Les historiens n'ont pas l'air de croire que les atrocités de la campagne de Sherman visaient à accomplir des objectifs stratégiques irréalisables autrement. Mais comme on estime en général que la préservation de l'Union et l'abolition de l'esclavage qui en résulta contribuèrent au bien général, les historiens considèrent la marche de Sherman comme un épisode d'abus criminels perpétrés par des agents de l'État plutôt que comme une preuve que l'État est foncièrement criminel.

De même, en France, pendant les mois qui suivirent immédiatement la Libération, entre dix et quinze mille personnes furent exécutées pour collaboration avec le fascisme dans un accès national de justice expéditive. Bien que personne n'envisage rétrospectivement ces purges avec fierté, aucun dirigeant national ne les a jamais publiquement regrettées. La France, qui se considère comme le berceau des droits de l'homme, disposait d'un vénérable système judiciaire, avec force policiers, avocats et juges. Mais elle venait de traverser une épreuve infernale, et la liquidation rapide des collaborateurs passa largement pour une purification de l'âme nationale.

Le fait que la plupart des États sont nés de soulèvements violents ne signifie pas, naturellement, que le désordre mène à l'ordre. En écrivant l'histoire d'événements qui continuent de se dérouler dans un État encore en gestation, il est impossible de savoir quelles tendances vont l'emporter et à quel prix. La position la plus sûre est celle des droits de l'homme, qui évalue les régimes selon une échelle purement négative comme la somme de leurs crimes et de leurs abus : si vous condamnez tous les contrevenants et que certains s'amendent par la suite, vous pouvez toujours vous prévaloir de la bonne influence que vous avez exercée. Malheureusement, la position la plus sûre n'est pas forcément la plus sage, et je me demandais si prononcer un jugement politique en ces circonstances est pertinent — et encore moins nécessaire.

Kibeho faisait partie des dizaines de camps pour personnes déplacées à l'intérieur d'un territoire établis dans la zone Turquoise. Lorsque les Français se retirèrent à la fin d'août 1994, ces camps qui abritaient au moins quatre cent mille personnes furent placés sous la supervision de la MINUAR rénovée et d'un assortiment d'organisations humanitaires internationales, onusiennes et privées. Le nouveau gouvernement avait demandé leur fermeture immédiate. Le Rwanda, disait-il, était désormais suffisamment sûr pour que tout le monde pût rentrer chez soi, tandis que les importantes concentrations de soldats et de miliciens du Pouvoir hutu dans ces camps faisaient peser une menace majeure sur la sécurité nationale. Les organisations humanitaires acceptèrent en principe, mais soulignèrent que le départ des camps devait être entièrement volontaire.

Or les PDI n'étaient pas pressées de quitter les camps, où elles étaient bien nourries et bien soignées par les organisations humanitaires, et où les génocidaires, qui continuaient d'exercer une forte influence sur les réfugiés, faisaient circuler des rumeurs affirmant que le FPR massacrait les Hutu en masse. Comme dans les camps frontaliers, les agents des *interahamwe* n'hésitaient pas à menacer et à agresser ceux qui souhaitaient quitter Kibeho, dans la crainte qu'un départ massif de la population civile ne les laissât isolés et exposés. Les génocidaires faisaient également de fréquentes sorties hors des camps pour terroriser et piller les villages alentour, attaquant les survivants tutsi du génocide ainsi que les Hutu qui risquaient de

témoigner contre eux. Kibeho était l'épicentre de ces agissements. Mark Frohardt, qui travaillait à la Mission d'assistance des Nations unies au Rwanda avant de devenir directeur adjoint de la Mission des Nations unies pour les droits de l'homme au Rwanda, rapportait ainsi que la MINUAR « a constaté qu'un pourcentage anormalement élevé des meurtres ayant eu lieu à la fin de novembre et au début de décembre 1994 au Rwanda s'étaient produits dans un rayon de vingt kilomètres autour de Kibeho ».

C'est en décembre que la MINUAR et l'APR menèrent leur unique opération conjointe : une descente de police d'une journée à Kibeho au cours de laquelle ils arrêtèrent une cinquantaine d'« éléments durs » — c'est-à-dire de génocidaires — et saisirent quelques armes. Peu après, l'APR entreprit de fermer les camps les moins importants selon une stratégie de coercition non violente, expulsant les réfugiés de leurs abris, qu'elle incendiait ensuite. Les organisations humanitaires ne tardèrent pas à se rallier à cette solution et participèrent au rapatriement de plus de cent mille PDI dans leurs foyers. Les enquêtes ultérieures des ONG et des Nations unies conclurent qu'au moins quatre-vingt-quinze pour cent de ces réfugiés étaient rentrés paisiblement chez eux. Entre-temps, nombre de génocidaires s'enfuirent dans d'autres camps, notamment à Kibeho ; certaines des PDI rapatriées furent arrêtées dans leurs villages sous le chef de participation au génocide tandis que quelques autres étaient assassinées, victimes de vengeances ou d'actes de banditisme.

Au début de 1995, il restait environ deux cent cinquante mille PDI dans les camps, le plus important étant celui de Kibeho, qui rassemblait également le plus grand nombre de miliciens et d'ex-FAR. Les Nations unies et les ONG, redoutant les conséquences d'une fermeture des camps par la force, proposèrent de rechercher des solutions pacifiques. Le gouvernement accepta, mais comme les organisations humanitaires ne parvenaient pas à élaborer un projet d'évacuation cohérent, il annonça à la fin mars qu'il prenait les choses en main : l'APR se déploya de nouveau à la mi-avril et, camp après camp, renvoya au moins deux cent mille Hutu dans leurs foyers sans anicroche.

Ne restait plus que Kibeho. Le 18 avril avant l'aube, l'armée investit le camp, qui abritait encore plus de quatre-vingt mille hommes, femmes et enfants. Les cadres du Pouvoir hutu s'empressèrent de transformer en panique l'inquiétude de voir arriver les soldats, si bien que les réfugiés se ruèrent en désordre au sommet de la colline pour se presser autour de la base du Zambatt — le contingent zambien de la MINUAR —, solidement retranchée derrière des sacs de sable et des barbelés tranchants. Dans ce sauve-qui-peut, au moins onze enfants moururent piétinés tandis que des centaines de fuyards étaient gravement brûlés par l'eau des marmites renversées ou cruellement tailladés par les barbelés zambiens sur lesquels ils s'écrasèrent.

L'APR resserra son étau autour de la foule, puis ouvrit plusieurs passages au cours des deux jours suivants. Les ONG y installèrent des bureaux d'enregistrement, et quelque cinq mille PDI, après avoir été

dûment fouillées, furent reconduites en camions dans leurs foyers. Mais ces couloirs étaient trop peu nombreux, les formalités d'enregistrement traînaient en longueur et il n'y avait pas assez de véhicules pour transporter les réfugiés, sans compter que les génocidaires — et certains des représentants étrangers des organisations humanitaires — pressaient les autres résidents de refuser l'évacuation. L'eau et les vivres se faisaient de plus en plus rares dans le camp. La plupart des gens pouvaient à peine remuer et pataugeaient dans leurs propres excréments. Le 19 avril, des réfugiés lancèrent des pierres sur l'APR et certains, semble-t-il, tentèrent d'arracher leurs armes aux militaires rwandais. Ces derniers ouvrirent le feu, faisant des dizaines de morts. Ce jour-là, des membres du bataillon médical australien, l'Ausmed, arrivèrent au camp pour renforcer les Zambiens.

Dans la soirée du 20 avril, une pluie diluvienne s'abattit sur Kibeho. Pendant la nuit, ne pouvant plus supporter cet effroyable entassement, des PDI se mirent à frapper leurs voisins à grands coups de machette. Des coups de feu sporadiques éclatèrent, tirés par des soldats de l'APR et des éléments armés du camp. Le matin, on comptait au moins vingt et un morts, la plupart tués par balle, et de très nombreux blessés, essentiellement à coups de machette. Çà et là, des enfants mouraient piétinés. L'APR resserra encore son étau. Toute la journée, aux points de contrôle, les réfugiés continuèrent de quitter le camp un à un, généralement à pied, la pluie ayant rendu les routes impraticables. L'armée rwandaise rationnait

désormais l'eau et les médicaments et tirait périodiquement en l'air pour pousser la foule vers les couloirs de sortie. Les actes de violence se multipliaient dans le camp. « Un groupe s'efforçait sans cesse de pénétrer dans l'enceinte de la MINUAR, se souviendrait un officier de l'Ausmed, et nous avons aidé les Zambiens à les repousser de l'autre côté des barbelés. »

Le 22 avril, en fin de matinée, trempés et fébriles, les assiégés se ruèrent sur les lignes de l'APR, qu'ils parvinrent à enfoncer au pied de la colline. Un flot de réfugiés s'engouffra par la brèche et se rua vers les hauteurs, de l'autre côté de la vallée. Les soldats rwandais commencèrent alors à mitrailler la foule, un feu ininterrompu et aveugle, tandis que d'autres, par dizaines, se lançaient à la poursuite des fuyards en tirant des rafales sur eux et en leur lançant des grenades. Ces tirs de barrage se prolongèrent des heures durant — au fusil, à la mitrailleuse, au lance-grenades ; au moins un obus de mortier explosa dans le camp.

Leur mandat ne les autorisant qu'à se défendre, les forces de la MINUAR assistèrent impuissantes à la scène ; leurs armes ne leur servirent qu'à repousser les malheureux qui se bousculaient désespérément pour tenter de s'abriter dans leur fortin. Nombre d'entre eux se rappelleraient avoir pleuré de rage et d'horreur tandis que morts et blessés s'abattaient autour d'eux. Parmi tant d'autres témoignages de ce genre, un membre de l'Ausmed se souvenait d'avoir vu « à travers une fenêtre un homme attaquer une femme à la machette » ; des PDI « nous jeter des briques, etc. » ; des soldats de l'APR tirer des coups de

fusil et lancer des grenades sur les réfugiés ; une PDI tirer sur les casques bleus ; « quatre soldats rwandais poursuivre une petite fille derrière le point de rassemblement des blessés et décharger dix-huit coups de feu sur elle » ; puis « une mitrailleuse montée sur une jeep faucher une grande foule de PDI par longues rafales » ; « des hommes de l'APR tuer deux vieilles femmes et les précipiter en bas de la colline à coups de pied ».

Un autre membre de l'Ausmed raconte avoir vu des soldats de l'APR massacrer des femmes et des enfants : « Ils semblaient y prendre plaisir », dit-il. « Ils sautaient à droite et à gauche en riant, comme pris de frénésie », rapporte également l'un de ses collègues, décrivant deux hommes de l'APR qui tiraient dans la foule. « C'était vraiment horrible de voir au moins quatre APR entourer une PDI et lui vider chacun un chargeur dans le corps. Des PDI s'étaient arrêtées, alors les APR leur ont lancé des pierres pour qu'elles se remettent à courir et qu'ils puissent recommencer à leur tirer dessus. Ces PDI étaient sans armes et terrifiées. »

À quatre heures de l'après-midi, lorsque Mark Cuthbert-Brown, chef de bataillon britannique qui commandait la police militaire de la MINUAR, arriva à Kibeho en hélicoptère, la fusillade s'était réduite à des coups de feu sporadiques et à de brèves rafales d'armes automatiques. Du ciel, il avait vu des milliers de réfugiés, en longues colonnes, se faire fouiller et contrôler aux barrages de l'APR, avant de s'éloigner de Kibeho par la route. Les Australiens, les Zambiens

et les membres des organisations humanitaires, qui étaient alors parvenus à sortir de leur retranchement, commençaient à ramasser les morts et les blessés, malgré l'opposition de nombreux soldats rwandais. Le commandant Cuthbert-Brown était dans le camp depuis une heure lorsqu'il entendit « une soudaine recrudescence des tirs ». Les réfugiés avaient de nouveau forcé le cordon de l'APR, et les scènes d'atrocités se répétèrent pendant plusieurs heures. Accroupi derrière des sacs de sable, Cuthbert-Brown vit à la jumelle des soldats de l'APR traquer les PDI dans la vallée et dans les collines, tandis que d'autres continuaient à fouiller et contrôler les réfugiés qui quittaient le camp en bon ordre.

Peu après la tombée de la nuit, la deuxième vague de tirs intensifs s'apaisa. Voici les notes de Cuthbert-Brown :

> 20 h 10 : Prends conscience de lamentations incessantes venant de l'ouest de l'enceinte (mais peut-être s'amplifiaient-elles peu à peu depuis quelque temps déjà).
>
> 21 h 00. Les gémissements continuent mais les coups de feu et les explosions de grenades diminuent.
>
> 21 h 20 : Quelques explosions de grenades près du Q.G. du Zambatt.

21 h 30 : Coups de feu sporadiques dans la même zone.

21 h 33 : Six détonations aux abords du périmètre du camp.

21 h 55 : Des cris hystériques éclatent sur le fond de gémissements persistants ; des officiers zambiens évoquent l'hypothèse d'une bagarre à la machette dans le camp. Les lamentations retrouvent bientôt leur niveau normal et se prolongent toute la nuit.

« À la fin de cette journée, conclurait un homme de l'Ausmed, nous étions écœurés par l'APR. Mais pourquoi diable l'ONU n'avait-elle envoyé qu'une compagnie de Zambiens et environ vingt-cinq Australiens ? »

Pendant la nuit, l'APR finit par cesser de tirer. « Peu après l'aube, inscrivit le commandant Cuthbert-Brown dans son journal, je regarde par-dessus le parapet [...] et vois des corps éparpillés partout. » Tout au long de la journée, des dizaines de milliers de PDI avaient été évacuées à pied et en camion du camp dévasté, tandis que des équipes de l'ONU et des ONG soignaient les blessés et comptaient les morts. Au début de l'après-midi, les journalistes arrivèrent sur les lieux : « Grand rassemblement médiatique autour des tombes », nota Cuthbert-Brown. Le premier bilan, de huit mille morts, fut rapidement ramené entre deux et quatre mille — la majorité piétinés,

beaucoup tués par l'APR et un certain nombre taillés en pièces, assommés et parfois transpercés à la lance par des *interahamwe* du camp. Mais ce n'étaient là que des estimations : il était très difficile de circuler dans le camp, non seulement parce que les soldats rwandais interdisaient l'accès à certains secteurs, mais parce que dans d'autres endroits les corps étaient tellement empilés qu'il était impossible de passer.

Toute la semaine suivante, des dizaines de milliers de réfugiés dépenaillés rentrant à pied chez eux encombrèrent les routes autour de Kibeho. Çà et là le long du chemin, des groupes de civils se rassemblaient pour les railler et parfois pour les rosser. Ce fut une période de grande tension au Rwanda. « L'année dernière, quand personne au monde n'essayait d'arrêter le génocide, lorsque j'ai vu arriver le premier FPR qui venait libérer le Rwanda, je me suis précipité pour lui serrer la main ; ces gars-là étaient des héros, me dit Fery Aalam, délégué suisse de la Croix-Rouge. Depuis Kibeho, je ne sais pas si je serais le premier à tendre la main. »

Les rapatriés de Kibeho furent en moyenne légèrement plus nombreux à être arrêtés et à subir des violences que ceux des autres camps. Mais bon nombre des fidèles du Pouvoir hutu parvinrent à s'enfuir à travers la brousse pour gagner les camps de l'ONU de l'autre côté de la frontière rwandaise. Il ne restait pas d'autre abri sûr pour les génocidaires.

J'étais au Rwanda depuis cinq jours et je me rendais au sud de Kigali en voiture lorsque je tombai sur

l'accident de la circulation dans lequel le jeune homme avait été tué. Il y avait aussi plusieurs blessés, et les gens avec qui je voyageais les conduisirent à l'hôpital de Butare. Quelques infirmières norvégiennes de la Croix-Rouge sortirent alors pour bavarder. Elles travaillaient dans un service spécial d'urgences installé pour les victimes de Kibeho. On y effectuait une trentaine de grosses opérations par jour et la plupart des patients venaient de rentrer chez eux ce matin-là. Il ne restait plus que les cas les plus graves.

« Vous voulez voir ? » proposa l'une des infirmières. Vingt à trente lits de camp étaient serrés les uns contre les autres à la lueur de tubes fluorescents, dans une puanteur de chair pourrissante et de médicaments. « Ceux qui restent, expliqua notre guide, sont tous des blessés à la machette. » Ça se voyait : amputations multiples ; visages tailladés, tout enflés autour des coutures. « Nous en avons eu quelques-uns dont le cerveau sortait du crâne, ajouta la Norvégienne d'un ton guilleret. Étrange, non ? L'APR ne se sert pas de machettes. Ce sont les leurs qui leur ont fait ça. »

Je me sentis mal et je regagnai le hall, où je m'étendis sur le sol frais de béton près d'une fenêtre ouverte. La Norvégienne me suivit. « Étrange pays », dit-elle. J'acquiesçai. « Dans cet hôpital il y a eu un grand massacre l'année dernière. Les Hutu tuaient les Tutsi, les médecins tuaient les médecins, tuaient les patients ; les patients tuaient les médecins, les infirmières, tout le monde. Je suis avec la Croix-Rouge — très très suisse, très neutre. Je suis nouvelle, je viens d'arriver pour cette affaire de Kibeho. Imaginez donc. Les gens

disent que tout ça recommence. C'est le génocide suivant. Je regarde autour de moi, je parle aux gens, je vois ce qui se passe, et je me dis que c'est peut-être en train de finir, mais très salement et très lentement.

— Comment pouvez-vous faire la différence ?

— Je parle aux gens. Ils ont peur. Ils disent : "Et les camps du Zaïre, du Burundi, de Tanzanie ? Ils vont se venger. Où est la justice ?" O.K. Mais quand les gens ont peur comme ça, ils ont aussi de l'espoir. Ils veulent dire qu'ils ont quelque chose à perdre — un peu d'espoir.

— On voit que vous êtes une bonne infirmière.

— Non, pas vraiment. Les gens disent toujours du mal du gouvernement — comme des médecins. Peut-être parce qu'on a surtout besoin d'eux quand ils ne peuvent pas vous aider suffisamment…

— Vous voulez dire que, comme les médecins, ils en tuent certains, ne peuvent en aider d'autres et en sauvent quelques-uns.

— Est-ce si mal que ça ? Parlez aux gens. Dans un endroit comme celui-ci, il faut faire comme si on était journaliste. Discuter avec tout le monde. »

Je lui dis que j'étais journaliste. « Oh. Oh la la. Je n'ai pas le droit de vous parler. Les règlements de la Croix-Rouge. Oubliez tout ce que j'ai dit. »

Mais comment pouvais-je oublier cette infirmière norvégienne ? C'était la personne la plus optimiste que j'aie jamais rencontrée au Rwanda.

Une nuit, quelques semaines après, dans un bistro de Kigali, je partageais une fondue bourguignonne et

une carafe de vin avec Annick van Lookeren Campagne, une Hollandaise, et Alexandre Castanias, un Grec. Tous deux travaillaient pour la Mission des Nations unies pour les droits de l'homme au Rwanda et ils se trouvaient à Kibeho au moment de la catastrophe. Ils se voyaient pour la dernière fois avant le retour d'Annick aux Pays-Bas, et c'est peut-être pour cela qu'Alexandre parla de Kibeho. C'était, dit-il, la première fois, et lorsque nous eûmes fini de dîner, nous nous attardâmes des heures dans le restaurant. Nous commandâmes une deuxième carafe de vin et des cigarettes, tandis qu'Alexandre ne cessait de nous offrir des tournées de cognac.

La conversation à propos de Kibeho avait commencé lorsque Alexandre m'avait demandé si j'avais vu les cadavres laissés tels quels dans l'église de Nyarubuye en souvenir du génocide. Je n'y étais pas encore allé et, bien que plus tard je n'aie pas regretté ma visite, j'expliquai à Alexandre pourquoi je répugnais — et répugne encore — à l'idée même de laisser des corps dans cet état de profanation — exhibés comme monuments au crime perpétré contre eux, et aux armées qui avaient mis fin au massacre, autant qu'à la vie qu'on leur avait arrachée. Ce genre d'endroit allait contre l'esprit du slogan qui orne tant de tee-shirts au Rwanda : « Génocide. Enterrez les morts, mais pas la vérité. » Ça me paraissait une bonne formule et je ne sentais pas la nécessité de voir les victimes pour appréhender pleinement le crime. L'agression esthétique du macabre suscite excitation et émotion, mais le spectacle nous aide-t-il vraiment à

besoin d'avoir monument avec les corps visibles ? Really ?

comprendre le mal ? À en juger par ma propre réaction aux images de cruauté et aux blessés de Kibeho que j'avais vus à l'hôpital, je me demandais si les hommes ne sont pas conçus pour résister à l'assimilation de trop d'horreurs. Au moment même où nous regardons des atrocités, nous nous débrouillons pour les considérer comme irréelles. Et loin d'être mieux informés, plus nous les voyons, plus nous nous blasons.

« Je ne suis pas du tout d'accord, me répondit Alexandre. J'ai vécu Kibeho comme un film. C'était vraiment irréel. Mais après, en regardant mes photos, c'est devenu réel. »

Quand la première fusillade éclata, Alexandre se trouvait dans le fortin des Zambiens. « Des milliers de gens se bousculaient dans le parking. Des milliers et des milliers. J'étais sur le toit et je regardais. Et j'ai vu cette femme, une grosse femme. Parmi ces milliers et ces milliers de gens, cette grosse femme était la seule chose que je voyais. Je n'ai vu personne d'autre. Une masse indifférenciée et cette grosse femme portée par le flot humain — tandis que je regardais, elle avait l'air de quelqu'un qui se noyait. » Alexandre joignit les mains, les ramena vers lui dans un mouvement descendant, et sembla se recroqueviller. « Une seconde avant elle était debout et la seconde suivante elle sombrait dans la foule, sous mes yeux. Elle a disparu. À ce moment-là je voulais seulement prendre des photos. Cette grosse femme, cette seule grosse femme — quand vous prononcez le mot Kibeho, je ne me rappelle vraiment qu'elle. Ce sera à jamais ma seule image réelle de Kibeho, cette grosse femme som-

brant au milieu de milliers et de milliers de gens. Je me souviens qu'elle portait une chemise jaune. »

Je n'ai jamais vu les photos d'Alexandre, mais je lui dis que sa description de ce moment et de son passage d'un sentiment d'irréalité pendant les événements à la réalité de ses photos était plus troublante, plus frappante et plus instructive que tout ce que, à mon sens, les photos elles-mêmes pourraient signifier. En un sens, c'était plus paisible ; le moment de choc était moins concentré, mais son récit touchait et transportait davantage.

« Je ne sais pas, dit-il. Je ne pourrais rien vous dire si je n'avais pas regardé.

— On voit et on ne voit pas, intervint Annick. D'abord on agit. Les images viennent ensuite. Quand ils s'écrasaient sur la grille du Zambatt, nous poussions de l'autre côté pour l'empêcher de s'effondrer, et les gens ont commencé à lancer des bébés pardessus. On les attrape, c'est tout. On fait des choses qu'on ne voudrait jamais voir en photo.

— Comme marcher sur les corps, dit Alexandre. Je me sens vraiment très mal à l'aise d'avoir fait ça. C'était très irréel et très fou, cette décision de marcher sur les morts. Je ne sais pas. Je ne sais pas si c'était bien ou mal, ou si je me sens coupable, mais ça me laisse mal à l'aise. C'était nécessaire. Il n'y avait pas d'autre moyen de passer.

— Nous devions dégager les vivants », expliqua Annick. Alexandre et elle avaient extrait des centaines d'enfants perdus et orphelins des piles de cadavres et

de chaque recoin où ils pouvaient se terrer — jusque sous les ailes et les capots des camions.

« Je ne sais pas pourquoi, dit Alexandre, mais les gens tués par balle me laissaient indifférent. Je m'en foutais complètement. Ils étaient morts. Et les blessés par balle n'avaient pas non plus d'importance pour moi. Ce qui me bouleversait, c'étaient les gens écrasés, piétinés.

— Les balles et les machettes sont censées tuer, expliqua Annick. Alors que les réfugiés écrasés avaient été tués par des gens comme eux, vulnérables, qui essayaient de survivre.

— Je suis allé chercher un médecin et je lui ai dit : "On croirait qu'ils dorment. Comment savoir s'ils sont morts ?" Il a examiné vingt ou trente personnes et m'a dit : "Ils sont morts. Ils sont tous morts." Mais quand je devais leur marcher dessus, j'avais l'impression que j'allais les réveiller.

— C'était comme les bagages », ajouta Annick. Je pouvais me représenter la scène : Kibeho était une ville fantôme, où s'entassaient les affaires abandonnées des réfugiés, et qui puait la mort — avec, au sommet de la colline, l'église carbonisée, transformée en crématoire pendant le génocide. « Quand nous marchions sur les bagages, dit Annick, il y avait probablement des gens dessous. On ne pouvait pas se sentir coupable, parce que ça ne servait à rien et qu'on marchait dessus pour sauver des vies.

— Marcher sur eux, c'était vivre. Au bout d'un certain temps, il s'agissait simplement de continuer à vivre. Les morts sont morts. On ne peut rien y faire.

Et même avec les vivants, que pouvait-on faire ? On leur donnait de l'eau. Nous n'avions pas d'autre remède. C'était comme un miracle. On voyait le visage d'un petit garçon, tombé et apparemment mort dans la foule des cadavres, on jetait quelques gouttes d'eau sur lui et — aahhh ! » Le visage d'Alexandre s'arrondit et il se souleva légèrement sur son siège, comme le film accéléré d'une fleur en train de s'épanouir. « Alors, on regarde tout autour, et pendant une minute tous les gens à qui on donne de l'eau sont morts.

— Oui.

— Des corps.

— Ce type avec une lance dans la gorge, dit Annick. Je l'ai simplement laissé sur place. Et à un moment je riais et je riais, je ne pouvais pas m'arrêter. J'étais avec les blessés, du sang partout, une épaule à moitié arrachée par une grenade ou une bouche fendue par une machette, et je riais. Moi ! Moi qu'une piqûre faisait tomber dans les pommes, voilà que je recousais des entailles de machette. Je ne pensais qu'à une chose : est-ce que j'enroule le bandage comme ça ? — elle fit de la main un cercle horizontal — ou comme ça ? — verticalement.

— Dimanche, quand nous sommes partis, il y avait des gens plein la route, des cadavres et des blessés. En temps normal, pour des gens en bien meilleur état on se serait arrêtés pour faire quelque chose. Là, on ne s'arrêtait pas. On les laissait. Je me sens très mal d'avoir fait ça. Je ne sais pas si c'est de la culpabilité, mais c'est un sentiment très désagréable.

— Oui. C'était moche, non ? Nous roulions, c'est tout. Il y avait trop de monde.

— Trop de monde », répéta Alexandre, les yeux baignés de larmes. Il avait le nez qui coulait, lui maculant la lèvre. « Je ne sais pas comment mon esprit fonctionne. Je ne sais pas. Quand il y a des morts, on s'attend à voir davantage de morts. Je me rappelle qu'en 1973 à Athènes, nous avions fait une barricade avec des voitures, et les chars sont arrivés et ont écrasé les voitures. J'avais onze-douze ans et j'ai vu les gens. Ils étaient morts et après je m'attendais de plus en plus à voir des morts. Ça devient normal. Il y a tant de films qui nous montrent la mort par balle, mais ça, c'est la mort véritable, l'écrasement. À Kibeho, pendant la seconde attaque, ils tiraient comme des fous. C'était inimaginable. L'APR ne faisait que tirer et tirer, sans même regarder. J'étais dehors, il pleuvait, et je ne pouvais penser qu'à une chose : m'abriter de la pluie. Je n'ai même pas pensé à la fusillade, et pourtant ça tirait dans tous les coins. Échapper à la pluie — c'était tout ce que je voulais.

— Tu ne devrais pas culpabiliser, lui dit Annick. Nous avons sauvé plein de vies. Parfois c'était en vain, nous ne pouvions rien faire.

— Vous savez, les types de l'APR — ils jetaient les blessés dans les fosses d'aisances. Vivants. Vous saviez ça ?

— Oui, c'était horrible.

— Je ne veux pas être jugé, dit Alexandre. Je ne veux pas que vous me jugiez. »

Il se leva pour aller aux toilettes, et Annick dit : « Alexandre m'inquiète.

— Et comment ça se passe pour vous ? lui demandai-je.

— Ils me disent d'aller voir un psychiatre. La Mission pour les droits de l'homme. Ils disent que c'est du stress post-traumatique. Qu'est-ce qu'ils vont me donner ? Du Prozac ? C'est stupide. Je ne veux pas de médicaments. Ce n'est pas moi qui ai un problème avec Kibeho. »

Par la suite, quand je me rendis à Nyarubuye et que je me retrouvai en train de marcher parmi et sur les morts, je me rappelai cette soirée avec Annick et Alexandre. « On ne sait pas quoi en penser, avait dit Alexandre en revenant à table. Qui a raison et qui a tort, qui est bon et qui est mauvais, parce que beaucoup des PDI de ce camp étaient coupables de génocide. »

Mais comment envisager le génocide ? « Je vais vous le dire, m'avait expliqué l'officier américain qui buvait du Jack Daniel's et du Coca dans un bar de Kigali. C'est l'ectopiste migrateur*. Avez-vous déjà vu un ectopiste migrateur ? Non, et vous n'en verrez jamais. C'est terminé. Extinction. » Le sergent Francis, le sous-officier de l'APR qui me montra Nyarubuye, était du même avis. « Les gens qui ont fait ça, dit-il, croyaient que, quoi qu'il advînt, personne ne le sau-

* Ou tourterelle du Canada, pigeon américain dont on a fait de tels massacres au siècle dernier que la race s'en est éteinte. *(N.d.T.)*

rait. Ça n'avait pas d'importance, parce qu'ils allaient tuer tout le monde et qu'il n'y aurait rien à voir. »

Alors je regardai, les yeux grands ouverts, par défi. Quatre-vingt-quinze pour cent des espèces animales et végétales qui ornent notre planète depuis l'apparition de la vie seraient éteintes. Autant pour le souci qu'aurait la Providence de la chute d'un moineau*. Peut-être que même l'extinction a perdu de son effet de choc. J'ai vu plusieurs centaines de cadavres à Nyarubuye et le monde semblait plein de morts. On ne pouvait pas marcher tant il y en avait dans l'herbe. Mais quand on vous en donne le total — huit cent mille, un million —, l'esprit regimbe.

Pour Alexandre, tout le massacre de Kibeho se réduisait à une seule grosse femme en chemise jaune ensevelie par des milliers et des milliers d'autres fuyards. « Après la première mort il n'en est pas d'autre », écrivait Dylan Thomas dans son poème de la Seconde Guerre mondiale « Refus de pleurer la mort, par le feu, d'un enfant de Londres ». Ou, comme le disait Staline, qui fit tuer au moins dix millions de personnes : « Une seule mort est une tragédie, un million de morts est une statistique. » Plus les cadavres s'entassent, plus les tueurs monopolisent l'attention, les morts se réduisant au rôle de témoignages. Renversons les choses et il est clair qu'il y a plus de raisons de se réjouir si deux vies sont sauvées

* *Cf.* Matthieu, X, 31 : « Ne vend-on pas deux moineaux pour un sou ? Et pas un ne tombe à terre à l'insu de votre Père. » Trad. J. Grosjean, M. Léturmy et P. Gros, Gallimard, La Pléiade, 1971. *(N.d.T.)*

Religion (A)

plutôt qu'une seule. Annick et Alexandre avaient tous deux dit qu'ils avaient cessé de compter les morts au bout d'un certain temps, alors que cela faisait partie de leur mission, et qu'ils n'étaient pas censés soigner les blessés.

Pourtant, nous considérons que c'est un plus grand crime de tuer dix personnes plutôt qu'une, ou dix mille au lieu de mille. Est-ce vraiment le cas ? Tu ne tueras pas, dit le Commandement, sans préciser de nombre. Le bilan peut s'accroître, et avec lui notre horreur, mais le crime n'augmente pas en proportion. Quand un homme tue quatre personnes, il n'est pas jugé sur un chef de quatre homicides, mais sur quatre chefs d'un plus un plus un plus un homicides. Il n'est pas condamné à une sentence plus importante, mais à quatre sentences cumulées, et s'il y a peine de mort, on ne peut lui prendre la vie qu'une seule fois. Personne ne sait combien de personnes ont été tuées à Nyarubuye. Certains disent mille, et d'autres beaucoup plus : quinze cents, deux mille, trois mille. La différence est considérable. Mais le bilan exact n'est pas l'essentiel d'un génocide, crime pour lequel, au moment de ma première visite au Rwanda, personne au monde n'avait jamais été jugé et encore moins condamné. Ce qui distingue le génocide de l'assassinat et même de meurtres politiques qui peuvent revendiquer autant de victimes, c'est l'intention. Ce crime veut accomplir l'extinction d'un peuple. C'est cette idée qui fonde le crime de génocide. Rien d'étonnant à ce qu'il soit si difficile de se le représenter. Pour ce faire, il faut accepter le principe de l'exterminateur, et

envisager l'extermination non simplement d'êtres humains, si nombreux soient-ils, mais d'un peuple tout entier.

À Nyarubuye, de petits crânes d'enfants étaient éparpillés çà et là, tandis que de la cour de récréation voisine les voix de leurs anciens camarades de classe parvenaient jusque dans l'église. Dans la nef, vide et grandiose, un unique corps témoin gisait sur le sol devant l'autel. On eût dit qu'il rampait vers le confessionnal. Il avait les pieds coupés, les mains coupées. C'était l'un des supplices préférés infligés aux Tutsi pendant le génocide — pour ramener les grands « à une taille normale », et les gens venaient en foule se moquer, rire et applaudir tandis que se contorsionnait la victime agonisante. Les os sortaient des manches du mort comme des brindilles, et une mèche carrée de cheveux se détachait encore de son crâne, ainsi que, desséchée et verdie, une oreille parfaitement dessinée.

« Regardez ses pieds et ses mains, dit le sergent Francis. Comme il a dû souffrir. »

Mais qu'importait sa souffrance ? Le jeune homme avait aussi souffert dans l'accident de voiture, fût-ce un instant, et les réfugiés de Kibeho aussi. Quel rapport a la souffrance avec le génocide, lorsque c'est l'idée même qui constitue le crime ?

Trois jours après que les armes se furent tues à Kibeho, le nouveau président du Rwanda, le pasteur Bizimungu, Hutu du FPR, vint examiner les décombres, rendit hommage à une rangée de victimes alignées spécialement pour sa visite et donna une

conférence de presse, au cours de laquelle il déclara que le bilan officiel de la fermeture du camp s'élevait à trois cent trente-quatre morts. Ce chiffre absurdement faible ressemblait à une dissimulation et ne fit que redoubler les protestations internationales contre la manière dont le gouvernement rwandais avait organisé la fermeture du camp. Après une intervention particulièrement vigoureuse de la France, l'Union européenne interrompit son programme d'aide au Rwanda, déjà bien faible, et maintint cette suspension après même qu'une commission internationale indépendante d'enquête sur les événements de Kibeho eut engagé les donateurs étrangers à continuer de soutenir le nouveau régime à dominante FPR.

Constituée à l'initiative de Kigali, afin de démontrer que les massacres n'avaient rien d'habituel dans le nouveau Rwanda, la commission de Kibeho était composée de diplomates, de criminologues, de juristes, de militaires et de médecins légistes de huit pays, des Nations unies et de l'OAU, auxquels s'était joint un ministre rwandais. Dans leur rapport final, les commissaires répartissaient assez équitablement le blâme entre tous les acteurs du drame : le gouvernement rwandais, les génocidaires, les Nations unies et les organisations humanitaires.

En octobre 1994, une autre commission d'experts, nommée par le Conseil de sécurité des Nations unies pour enquêter sur les massacres consécutifs à l'assassinat d'Habyarimana, avait conclu que si « les deux adversaires du conflit armé avaient perpétré des crimes contre l'humanité au Rwanda », les « actes concertés,

planifiés, systématiques et méthodiques d'extermination massive commis par des éléments hutu contre le groupe tutsi constituaient un génocide », et qu'aucune preuve « n'indiquait que des éléments tutsi aient agi dans l'intention de détruire le groupe ethnique hutu en tant que tel ». C'était la première fois, depuis que l'Assemblée générale avait adopté la convention de 1948, que les Nations unies identifiaient un exemple du crime de génocide. Il était donc particulièrement significatif que le rapport de la commission de Kibeho déclarât : « La tragédie de Kibeho ne fut ni le résultat d'une action concertée des autorités rwandaises pour tuer un certain groupe de gens, ni un accident qui n'aurait pu être prévenu. »

Le message était clair : la commission considérait que le maintien du camp de Kibeho constituait « un important obstacle aux efforts du pays pour se remettre des effets dévastateurs du génocide de l'année précédente », et que les hommes de l'APR comme « certains éléments parmi les PDI » avaient infligé aux résidents du camp « une privation arbitraire de la vie et de graves dommages corporels ». Si cela semble un langage étrangement aseptique pour le massacre d'enfants à coups de machette et par balles, souvenez-vous que les organisations des droits de l'homme résument souvent le génocide rwandais tout entier en une « violation majeure des droits de l'homme » — exactement la même formule par laquelle elles caractérisent la peine de mort aux États-Unis. La commission soulignait que l'APR était une armée de guérilla, inapte à la maîtrise des foules et aux opérations de police, et recommandait

au gouvernement de développer ses capacités à réagir de manière humaine et disciplinée aux « situations de tension et d'urgence sociales ». Elle estimait aussi que les organisations humanitaires internationales, déchirées par des conflits politiques, s'étaient montrées incapables de fermer pacifiquement Kibeho, et elle les engageait à remettre de l'ordre dans leurs affaires. Enfin, la commission invitait le gouvernement à ouvrir une « enquête sur les responsabilités individuelles parmi ses forces armées ». À l'inverse, elle ne disait rien des comptes que les PDI génocidaires devaient rendre pour leurs crimes commis à Kibeho.

Au moment où la commission sur les incidents de Kibeho publiait son rapport, deux officiers de l'APR qui commandaient les opérations de fermeture du camp furent arrêtés, puis jugés par un tribunal militaire environ un an après. Le verdict illustrait parfaitement la manière dont le nouveau régime comprenait la situation. Les accusés furent en effet exonérés de toute responsabilité pour avoir dirigé ou permis le massacre, mais reconnus coupables de n'avoir pas employé les moyens militaires à leur disposition pour protéger des civils en danger, ce qui était précisément, bien entendu, le reproche que le FPR avait fait à la MINUAR et à l'ensemble de la communauté internationale pendant le génocide de 1994.

Mais contre qui l'APR aurait-elle dû protéger les PDI sinon contre elle-même ? Le verdict de la cour martiale répondait implicitement que le danger principal venait des génocidaires réfugiés dans le camp et des

organisations humanitaires internationales qui avaient accepté leur présence. Autrement dit, l'APR disait avoir pris le parti des masses hutues contre les dirigeants du Pouvoir hutu qui leur avaient causé de telles angoisses. Le tribunal demandait donc que les massacres de Kibeho soient considérés, ainsi que me l'avait suggéré l'infirmière norvégienne à l'hôpital de Butare, non comme une mesure du nouveau régime mais comme la hideuse conclusion de l'ordre ancien.

Mark Frohardt, vétéran des « missions internationales d'urgence » au Tchad, au Soudan et en Somalie, et directeur adjoint de la Mission des droits de l'homme des Nations unies au Rwanda, parvenait à une conclusion d'une frappante similarité : « Je n'ai nullement l'intention de justifier la manière dont fut fermé Kibeho, déclara-t-il en effet au terme d'un séjour de deux ans et demi au Rwanda. Mais je crois qu'il est important de comprendre que l'incapacité des organisations humanitaires à coordonner une opération efficace a permis le déroulement de la tragédie qui a suivi. Lorsque l'armée a vu que les efforts des organisations humanitaires pour évacuer les camps étaient vains, elle a compris qu'elle était la seule institution, ou force, du pays capable de fermer les camps. » Et, poursuivit-il, « la raison principale pour laquelle nous avons échoué à vider les camps, et pour laquelle l'opération de l'APR a tourné au désastre, a été [...] l'incapacité à séparer les auteurs du génocide, coupables de crimes contre l'humanité, des innocents qui n'y avaient pas participé ».

Frohardt parlait à Washington en tant que travail-

leur social devant un public composé principalement de collègues, et le désastre de Kibeho lui apparaissait comme le symptôme d'un échec plus profond : l'incapacité des organisations humanitaires à concevoir les dimensions humaines et politiques collectives de la situation. « Je n'ai jamais travaillé dans une société sortant d'un conflit, où les événements récents, l'histoire récente, avaient une influence aussi inexorable sur la situation présente. Je n'ai jamais travaillé non plus dans un pays où les organisations humanitaires et économiques étaient aussi réticentes à intégrer la cause et la conséquence de ces événements dans leur analyse de la situation présente. » À la fin de 1994, six mois à peine après le génocide, se souvenait Frohardt, « on entendait souvent les coopérants faire des déclarations du style : "Oui, il y a eu un génocide, mais il est temps d'en finir et d'aller de l'avant", ou "Assez parlé du génocide, attelons-nous à la reconstruction du pays" ».

J'entendais constamment, moi aussi, des commentaires de ce genre. Si Frohardt n'était pas le seul étranger de passage à reconnaître que « tout ce que l'on entreprend au Rwanda doit être fait dans le contexte du génocide », il appartenait à une petite minorité. Pour la plupart, on eût dit que le souvenir du génocide était un inconvénient ou, pire, un alibi politique utilisé par le nouveau gouvernement pour se disculper de ses imperfections. Au bout de quelque temps, je me mis à demander : « Si, à Dieu ne plaise, un de vos proches parents ou un de vos amis était assassiné — ou simplement mourait —, combien de temps vous

faudrait-il pour surmonter le sentiment immédiat de sa perte : quelques jours ou même une semaine sans que vous en ayez le cœur serré ? Et comment réagiriez-vous si votre univers social tout entier avait été anéanti ? » Généralement on me répondait quelque chose du genre : « Oui, d'accord, mais ça ne fait pas du génocide une excuse pour les problèmes d'aujourd'hui. »

Il m'arrivait parfois au Rwanda, dans une salle à manger d'hôtel, de regarder les informations américaines à la télévision par satellite. Parmi les nouvelles qui retenaient tout particulièrement l'attention des médias entre 1995 et 1997, il y avait le procès d'O.J. Simpson et l'attentat d'Oklahoma City. O.J., joueur de football devenu star de la publicité, était accusé d'avoir tué son ex-femme et l'amant de celle-ci, et la recherche de la vérité et de la justice — trahies en fin de compte — fascina pendant deux ans des millions de gens dans le monde entier. À Oklahoma City, deux ou trois cinglés, qui croyaient que le gouvernement américain avait implanté des puces électroniques dans leur corps, avaient fait sauter un bâtiment fédéral, tuant cent soixante-huit personnes, et les téléspectateurs accueillaient quotidiennement les familles des victimes sur leur petit écran. Pourquoi pas ? Un bref instant de folie avait fracassé leur univers. Les Rwandais de l'hôtel semblaient y compatir, bien que l'un ou l'autre fît parfois remarquer, en passant, que ces crimes à la télévision américaine étaient confortablement isolés, et que les « survivants »,

comme on appelle en Occident les familles des « victimes », n'avaient couru aucun danger.

Tout le monde, dans la salle à manger de l'hôtel, regardait et discutait les détails du drame, ou les débats judiciaires, en se demandant comment ça se terminerait. C'était une activité qui nous rapprochait. Et pourtant, nous nous trouvions dans une société dont l'âme avait été déchiquetée, où on avait essayé d'extirper une catégorie entière de l'humanité, où il n'y avait personne ou presque qui ne fût apparenté à un massacreur ou à un massacré, et où la menace d'un nouvel embrasement demeurait intensément réelle. Et voilà que ces jeunes étrangers, venus au nom de l'humanitarisme, expliquaient que les Rwandais devaient cesser de se chercher des excuses…

Un an après Kibeho, en mai 1996, je parlais avec le général Kagame, qui était devenu le vice-président et le ministre de la Défense du Rwanda après la guerre, du fait que les camps des Nations unies autour des frontières du pays semblaient créer plus de problèmes qu'ils n'en résolvaient. « Je vais vous donner un exemple, me dit Kagame. Peut-être est-ce un mauvais exemple parce qu'il a été tragique. Mais parlons de Kibeho, le fameux Kibeho. Eh bien, malheureusement, lors de la fermeture des camps, des gens ont été tués — très malheureusement. Environ huit mille personnes, pour prendre le chiffre le plus élevé. Malgré tout, nous nous sommes débrouillés pour réinstaller ces centaines de milliers de personnes. Je ne dis pas que c'était le prix à payer. Mais nous avons insisté,

nous avons dit : “Si vous ne voulez pas les fermer, nous nous en chargerons.” Et cette tragédie est arrivée. Mais c’en était terminé de ces camps, et le pays tout entier aurait pu avoir davantage de problèmes si on les avait maintenus. »

J’étais étonné que Kagame ait évoqué Kibeho de son propre chef ; il aurait pu préférer n’en pas parler. Et j’étais étonné qu’il ait mentionné le chiffre de huit mille morts. Je lui demandai s’il croyait que c’était le bilan exact.

« Absolument pas, répondit-il. C’était bien moins que ça.

— Mais cette opération a mal tourné, et personne n’a pu l’arrêter ou du moins n’y a mis fin.

— On l’a arrêtée. Elle a cessé, en tout cas. Peut-être qu’on aurait perdu vingt ou même trente mille personnes si elle n’avait pas été interrompue.

— Mais il y a eu des excès.

— Bien sûr, de la part de certains individus.

— De la part de vos soldats.

— Oui, oui, et c’est ce qui démontre qu’on a stoppé cette affaire. »

14

Ayant rencontré une femme de Mbarara, dans le sud-ouest de l'Ouganda, qui avait fréquenté le même lycée que Paul Kagame au début des années soixante-dix, je lui demandai à quoi il ressemblait alors. « Maigre », répondit-elle en riant, parce que maigre, à son propos, a l'air d'un euphémisme. En sa présence, en effet, on ne peut que se demander si l'on a jamais vu quelqu'un de plus maigre : environ un mètre quatre-vingt-cinq ; une silhouette à la Giacometti qui semble l'invention d'un caricaturiste de *Kangura* ; des jambes de pantalon aux plis aplatis comme des lames au point de paraître vides ; de longs doigts décharnés ainsi qu'il sied à un chef des « cafards ».

L'un des mythes culturels les plus répandus concernant les Tutsi, c'est qu'ils adorent boire du lait mais n'aiment guère manger, et bien que j'en aie vu un certain nombre se goberger de bon cœur, cette vision n'est pas dénuée de fondement, du moins comme illustration de leurs manières. « Les femmes tutsies sont de médiocres cuisinières parce que leurs maris

ne s'intéressent pas à la nourriture, m'expliqua un Tutsi. Nous grignotons par-ci par-là. Vous avez remarqué, nous vous invitons à prendre un verre, et bien sûr nous servons ensuite un peu à manger, mais nous ne dirons jamais : "Philip, je meurs de faim, à table !" » J'avais remarqué. On m'avait dit que c'était un reste de raffinement aristocratique, comme l'habitude de se déplacer lentement et de parler doucement, qui passe aussi pour typiquement tutsie. De même que les gens vulgaires, les paysans, sont mus par leurs appétits et ont tendance à galoper et à brailler inutilement dans la confusion de leur existence grossière, les gens d'un certain rang font montre de réserve. Les Hutu taxent volontiers les Tutsi d'« arrogance », et ces derniers ne songent nullement à s'en excuser.

Mais l'Ougandaise avait vu Kagame adolescent sous un tout autre jour. Après avoir dit qu'il était maigre, elle ajouta : « C'était un réfugié », suggérant que son apparence trahissait l'infortune et non l'aristocratie. Elle dit aussi que c'était un excellent élève, passionné de musique : « Je le voyais souvent traîner chez le disquaire jusqu'à la fermeture. » Mais c'était tout ce qu'elle se rappelait de lui : « Je ne faisais guère attention à lui. Il était rwandais. »

C'était ce qui comptait en Ouganda : il était étranger. La population de l'Ouganda, comme de la plupart des pays africains, se répartit entre tant de groupes tribaux et régionaux qu'il n'y a pas d'ethnie majoritaire, mais simplement des minorités plus ou moins importantes. Lorsque Kagame grandissait en Ouganda, les Rwandais d'origine constituaient l'un des groupes les

plus nombreux. La plupart étaient, semble-t-il, d'ascendance hutue, mais dans le contexte ougandais la distinction entre Hutu et Tutsi se réduisait essentiellement à une différence historique : presque tous les Tutsi étant des réfugiés politiques tandis que les Hutu descendaient pour la plupart d'émigrés d'avant la colonisation ou, plus récemment, pour raisons économiques. Malgré l'opinion très répandue selon laquelle Hutu et Tutsi naissent avec une haine mortelle réciproque, les exilés rwandais vivaient en paix au Kenya, en Ouganda, en Tanzanie et — jusqu'à ce que la politique du Pouvoir hutu y débordât au début des années quatre-vingt-dix — au Zaïre. Il n'y avait qu'au Burundi que les réfugiés ne pouvaient échapper aux rivalités entre Hutu et Tutsi.

« En exil, nous nous considérions tous comme rwandais, m'expliqua Tito Ruteremara, l'un des fondateurs et l'un des commissaires politiques du FPR. Vivant à l'extérieur du Rwanda, on ne se perçoit pas comme Hutu ou Tutsi, parce tous les autres apparaissent comme des étrangers, qu'on se rapproche entre Rwandais et que pour les Ougandais un Rwandais est un Rwandais. »

Les réfugiés se voyaient donc comme leurs hôtes se les représentaient, et cette identité n'était pas seulement pour eux une oppression ou une humiliation à laquelle échapper, mais aussi une valeur à transformer en cause. On retrouvait « le sentiment d'unité nationale » et « le sentiment de ne former qu'un seul peuple » qui, selon l'historien Lacger, précédaient la polarisation coloniale. Et pour les fondateurs du FPR,

les dictateurs hutu du Rwanda postcolonial avaient, au nom du gouvernement majoritaire, contribué encore plus que les Belges à détruire cette conception de la nation. La contre-révolution que prôna le FPR visait donc à privilégier l'appartenance à la nation rwandaise pour tous les citoyens du pays, gros ou maigres, afin d'éviter que toute solidarité collective ne soit à jamais anéantie.

En 1961, Kagame avait vu des bandes de Hutu incendier les cases tutsies dans le voisinage du foyer familial, sur la colline de Nyaratovu, dans la province de Gitarama. Il avait quatre ans. Il se rappelait avoir vu la voiture que son père avait louée pour fuir avec les siens gravir la côte menant chez eux, mais les incendiaires l'aperçurent aussi et, toutes affaires cessantes, se précipitèrent vers la maison. Par bonheur, la voiture arriva la première et les Kagame purent s'échapper vers le Nord, vers l'Ouganda. « Nous avons grandi là-bas, me dit-il. Nous nous y sommes fait des amis. Les Ougandais se montraient accueillants envers nous mais nous restions toujours à part. On nous rappelait constamment que nous ne serions jamais entièrement acceptés parce que nous étions étrangers. »

La naturalisation est rarement possible en Afrique ; seuls quelques réfugiés rwandais parvinrent à acquérir une nationalité étrangère, et le plus souvent par fraude ou corruption. En Ouganda la discrimination et l'hostilité envers les Rwandais s'aggravèrent à la fin des années soixante et pendant les années soixante-dix

sous les dictatures dévastatrices de Milton Obote et d'Idi Amin Dada. À ce moment-là, l'aide internationale aux réfugiés rwandais s'était largement tarie. Contrairement à la prodigalité dont bénéficièrent ceux qui fuirent le pays en 1994 après le génocide, « pendant plus de trente ans, dit Kagame, nous fûmes des réfugiés et personne ne parlait de nous. Les gens avaient oublié. Ils disaient : "Allez au diable !" Ils disaient : "Vous les Tutsi, nous savons que vous êtes arrogants." Mais que vient faire l'arrogance là-dedans ? Il s'agit des droits de l'homme. Niez-vous que j'appartienne au Rwanda, que je sois rwandais ? »

Au début des années soixante, les monarchistes dominaient largement la politique des réfugiés rwandais et, trente ans après, les propagandistes du Pouvoir hutu se plaisaient à souligner que Kagame lui-même était un neveu de la veuve de Mutara Rudahigwa, le mwami mort en 1959 après la piqûre d'un médecin belge. Mais comme me le dit Tito Rutemara, de près de vingt ans l'aîné de Kagame : « Les gens de notre génération, dont la conscience politique se forma en exil, méprisaient les monarchistes, méprisaient toute la vieille corruption ethnique coloniale, la théorie hamitique et ainsi de suite. » Kagame était du même avis : être tutsi ou monarchiste était un problème ancestral, et ni l'une ni l'autre de ces identités ne promettait grand-chose de bon.

Les dirigeants politiques aiment volontiers à raconter leur enfance, de manière à montrer que ces années de formation, heureuses ou non, annonçaient rétrospectivement leur grandeur future. Pas Kagame. Très

secret, mais nullement timide, il dit ce qu'il pense d'une manière inhabituellement directe mais sans aucune fanfaronnade. Marié, père de deux enfants, toujours impeccablement habillé, il passait pour aimer dîner en ville, danser et jouer au billard, et à Kigali il fréquentait volontiers les courts de tennis du Cercle sportif ; ses soldats, qui le révéraient, avaient composé d'innombrables couplets en son honneur. S'il était certainement l'homme le plus discuté du Rwanda, il ne se souciait pas, dans sa vie publique, de se montrer charmant ou, dans quelque sens conventionnel que ce soit, charismatique. Ce n'était pas un homme chaleureux, bien que sa froideur impressionnât. Même dans une pièce pleine de monde, on ne pouvait manquer de le remarquer. Tacticien rompu au renseignement militaire, à la reconnaissance et à la guérilla, il se plaisait à étudier et prévoir les manœuvres des autres, pour mieux surprendre quand il agissait à son tour.

« Je veux penser de manière originale, surtout en ce qui concerne ma propre situation ici, me dit-il une fois. Non que je ne sois pas conscient qu'il y a d'autres gens que l'on puisse admirer, mais je n'ai tout simplement pas l'habitude d'admirer qui que ce soit. Même si quelque chose marche, je crois qu'il existe bien d'autres solutions aussi efficaces. Si quelque chose d'autre a réussi, j'en tirerai certainement profit. Mais s'il y a un autre moyen de procéder, j'aimerais le découvrir. Si je pouvais trouver une manière originale de penser, ça me conviendrait parfaitement. »

La formulation mise à part, on eût dit Rilke parlant de l'amour et de l'art. Mais Kagame pensait à la

conduite de l'État et de la guerre, et surtout — comme toujours — à la manière d'être rwandais. Il voulait trouver un mode original d'être rwandais, et nul doute que le Rwanda en avait besoin. L'originalité n'en est pas moins une entreprise dangereuse et le Rwanda un pays dangereux. Comme il voulait, disait-il, être « exemplaire », Kagame prenait grand soin de son propre exemple, et peut-être était-ce parce qu'il avait cherché une réponse originale aux circonstances très particulières où il s'était formé qu'il rechignait à laisser les autres imaginer l'univers perdu de son enfance. S'il avait subi, naturellement, des influences, la seule qu'il fût jamais disposé à évoquer était son amitié avec un autre jeune réfugié rwandais : Fred Rwigyema.

« Avec Fred, me confia-t-il, il y avait quelque chose de personnel. Nous avons grandi ensemble presque comme des frères. Nous étions si proches que les gens qui ne nous connaissaient pas croyaient automatiquement que nous étions de la même famille. Et déjà gosses, à l'école primaire, nous discutions de l'avenir des Rwandais. Pendant toute cette période ; nous étions des réfugiés dans un camp et nous habitions une maison au toit de chaume. Fred et moi, nous aimions lire des histoires de combattants de la liberté. Nous avions des idées sur nos droits. Cela nous taraudait toujours l'esprit, même enfants. »

En 1976, alors qu'ils étaient au lycée, Rwigyema abandonna ses études pour se joindre aux rebelles ougandais, dirigés par Yoweri Museveni et basés en Tanzanie, qui luttaient contre Idi Amin Dada. Kagame ne revit Rwigyema qu'en 1979, lorsque Amin Dada

fut contraint à l'exil ; il rejoignit alors son ami dans l'unité de Museveni qui faisait désormais partie de la nouvelle armée ougandaise. En 1981, lorsque l'ancien dictateur Milton Obote s'empara de nouveau du pouvoir en Ouganda, Museveni reprit le maquis. Ses troupes se réduisaient alors à vingt-sept hommes, dont Rwigyema et Kagame.

Comme de plus en plus de jeunes exilés rwandais ralliaient les rebelles, Obote lança une virulente campagne xénophobe contre la population rwandaise. Vastes meetings populaires et discours enflammés déclenchèrent en octobre 1982 une campagne d'assassinats, de viols et de pillages, et près de cinquante mille Rwandais furent expulsés de force et renvoyés au Rwanda. Habyarimana les confina dans des camps, où beaucoup périrent, avant de les réexpédier en Ouganda en 1984. Deux ans après, lorsque Museveni prit le pouvoir, au moins vingt pour cent de ses soldats étaient d'origine rwandaise. Rwigyema occupait l'une des plus hautes fonctions de l'état-major, et Kagame devint alors le chef des renseignements militaires.

C'est sur cet arrière-plan qu'Habyarimana avait déclaré, en 1986, qu'il n'était plus question de discuter d'un éventuel droit de retour pour les réfugiés rwandais. Le FPR fut fondé l'année suivante, sous la forme d'un mouvement clandestin de lutte armée contre le régime d'Habyarimana. Tito Ruteremara en dirigeait l'aile politique tandis que Rwigyema prenait la tête du groupe d'officiers rwandais de l'armée ougandaise qui formerait le noyau des forces armées du nouveau mouvement. « Nous nous y étions préparés en com-

battant en Ouganda, m'expliqua Kagame. Cela servait notre but et correspondait à nos convictions — nous luttions contre l'injustice —, et c'était peut-être aussi la manière la plus sûre pour un Rwandais de vivre en Ouganda à cette époque. Mais au fond de notre cœur et de notre esprit nous savions que notre patrie était le Rwanda, et s'ils ne voulaient pas résoudre le problème politiquement, la seule solution serait la lutte armée. »

Je demandai à Kagame s'il avait jamais envisagé à ce stade qu'il pourrait devenir le vice-président du Rwanda et le commandant en chef de son armée nationale. « D'aucune manière, me répondit-il. Ce n'était même pas mon ambition. J'étais simplement obsédé par l'idée de lutter et combattre pour retrouver mes droits de citoyen rwandais. Où cela me mènerait était une tout autre affaire. »

Lorsqu'ils parlaient de « libération », les Africains des générations précédentes entendaient l'affranchissement des empires coloniaux européens. Pour les hommes et les femmes qui constituèrent le FPR, comme pour au moins une demi-douzaine d'autres mouvements rebelles sur le continent dans les années quatre-vingt et quatre-vingt-dix, la « libération » signifiait renverser les dictatures clientes du néocolonialisme de la guerre froide. Devenant adultes dans une Afrique apparemment libre et indépendante, ils trouvaient leurs dirigeants prédateurs non seulement immatures, mais indignes et incapables d'accomplir le destin de leurs peuples. La corruption si répandue

rongeait l'âme de l'Afrique. Et cette génération montante supportait mal que ces souffrances postcoloniales fussent infligées aux Africains par d'autres Africains, même si l'Occident ou l'Union soviétique y prêtaient largement la main. On ne pouvait plus reprocher aux étrangers l'échec de l'Afrique à atteindre une indépendance respectable, m'avait dit Museveni, dont l'exemple dans la rébellion puis dans la reconstruction d'un Ouganda ruiné et sanglant avait inspiré le FPR : « C'était plus dû à la faiblesse et à l'inorganisation des forces indigènes. »

Dans la mesure où, à la fin des années quatre-vingt, nombre d'Ougandais pressaient Museveni d'écarter les Rwandais de l'armée et du gouvernement et de leur confisquer une bonne partie de leurs terres, on l'a souvent accusé d'avoir organisé lui-même le FPR. En réalité, le président ougandais fut le premier surpris et embarrassé par la désertion massive des officiers et soldats rwandais de son armée au moment de l'invasion du Rwanda en octobre 1990. « Je crois qu'à un moment Museveni nous a même traités de traîtres, me dit Kagame. Il pensait : "Ce sont des amis qui m'ont trahi et ne m'ont jamais laissé les aider." Mais nous n'avions besoin de l'influence de personne, et en fait les Ougandais se méfiaient énormément de nous. Ils n'étaient même pas reconnaissants de notre contribution, des sacrifices que nous avions faits. Nous n'étions que des Rwandais — et cela nous a d'ailleurs beaucoup servi. Ça nous a donné de l'élan, et ça a permis à certains Ougandais timorés de croire

au moment de notre départ qu'ils avaient réglé un problème. »

Plus surprenante encore que la discrétion avec laquelle se mobilisèrent les Rwandais de l'armée ougandaise fut l'intensive campagne internationale du FPR pour s'assurer le soutien de la diaspora rwandaise. « C'était bizarre, me dit une Ougandaise de Kampala. À la fin des années quatre-vingt, beaucoup de ces Rwandais se sont mis à s'occuper très activement de leur héritage, à organiser des réunions de famille. Ils se retrouvaient tous ensemble pour établir un arbre généalogique, dresser la liste de tous les Rwandais qu'ils connaissaient : noms, âges, professions, adresses, et ainsi de suite. Par la suite, j'ai compris qu'ils constituaient une base de données sur la communauté tout entière, et bien au-delà de l'Ouganda — dans toute l'Afrique, l'Europe, l'Amérique du Nord. Ils ne cessaient aussi de faire des collectes pour les fiançailles, les mariages, les baptêmes. C'est normal, mais il était vivement recommandé de donner beaucoup — des sommes incroyables. Cinquante mille dollars, par exemple, au mariage de deux notables. Alors on se disait qu'ils devaient faire de sacrées fêtes avec autant d'argent, mais pas du tout — c'était le strict minimum. On ne comprenait rien à l'époque. »

Dès le départ, la direction politique du FPR se composa de Hutu aussi bien que de Tutsi, y compris de transfuges du cercle intérieur d'Habyarimana, mais la branche militaire fut toujours massivement tutsie. « Rien de plus normal, m'expliqua Tito Ruteremara.

Les Tutsi étaient les réfugiés. Mais c'était contre la politique au Rwanda que nous luttions, pas contre les Hutu. Nous l'avons fait clairement savoir. Nous disions la vérité aux gens — sur le dictateur, sur notre politique de libération et d'unité avec débat — et nous sommes donc devenus forts. À l'intérieur du Rwanda, ils recrutaient par la force et la coercition. Chez nous, tout le monde était volontaire. Jusqu'aux vieilles femmes qui allaient travailler dans les plantations pour gagner un peu d'argent. Même le malade qui ne pouvait offrir qu'une petite prière, c'était toujours ça. »

L'Ougandaise qui avait vu avec ébahissement les Rwandais établir des arbres généalogiques et réunir des fonds avait une amie mariée à un Rwandais. « Le 1er octobre 1990 au matin, son mari lui a dit : "Ça va être une journée historique, prends-en bien note." Il n'a pas voulu en dire davantage, et pourtant ils étaient très proches l'un de l'autre. C'est seulement quand elle a appris aux informations ce soir-là que Fred Rwigyema avait franchi la frontière rwandaise avec ses hommes qu'elle a compris ce dont son mari parlait. »

Museveni réagit à l'invasion du Rwanda par le FPR en donnant l'ordre à l'armée ougandaise de fermer la frontière et d'empêcher la désertion massive des Rwandais, qui volaient tout l'équipement dont ils pouvaient s'emparer. Il pressa également Habyarimana d'engager des négociations. « Nous avons essayé de favoriser la paix, me dit Museveni, mais Habyarimana ne voulait pas en entendre parler. Il s'efforçait alors de mobiliser la Belgique, de mobiliser la France. Puis il m'a accusé d'avoir tout déclenché. Alors nous avons

laissé les choses suivre leur cours. » Tito Ruteremara éclata de rire en se rappelant les premiers jours de la guerre : « Habyarimana était très bête. Quand il a accusé Museveni il nous a sauvés. Après ça, au lieu de nous empêcher de gagner le Rwanda, Museveni a fermé la frontière de l'autre côté — pour nous empêcher de revenir. Ainsi Habyarimana nous a-t-il obligés à continuer de le combattre, même lorsque nous pouvions avoir l'impression d'être en train de perdre. »

Kagame entendit les premiers échos de l'invasion du FPR à Fort Leavenworth, au Kansas, où, sous l'uniforme ougandais, il suivait une formation d'officier. Le deuxième jour de la guerre, Fred Rwigyema fut tué. On raconta qu'il avait été assassiné par deux de ses officiers, qui passèrent ensuite en cour martiale et furent exécutés. Par la suite, le FPR prétendit qu'il était mort au combat et que les deux officiers avaient péri dans une embuscade. Quoi qu'il en soit, dix jours après la mort de Rwigyema, Kagame abandonna son stage au Kansas et rentra en avion en Afrique, où il déserta son poste dans l'armée ougandaise pour remplacer son ami comme commandant des troupes FPR sur le terrain. Il allait avoir trente-trois ans.

Je lui demandai un jour s'il aimait se battre. « Oh oui, répondit-il. J'étais exaspéré, j'étais furieux. Je me battrai encore si j'ai une raison de le faire. Je me battrai toujours. Ça ne me pose aucun problème. » Nul doute qu'il savait le faire. Les militaires considèrent l'armée qu'il forgea avec les restes disparates de la troupe initiale de Rwigyema et la campagne qu'il mena en 1994

comme une œuvre de pur génie. D'autant qu'il y parvint avec un équipement composé essentiellement de mortiers, de lance-grenades et surtout de kalachnikovs d'occasion — de « vraies merdes », me dit un jour un spécialiste américain de l'armement.

« L'équipement n'est pas l'essentiel, m'expliqua Kagame. L'important c'est toujours l'homme qui s'en sert. Comprend-il pourquoi il se bat ? » Kagame considère que des combattants déterminés et bien disciplinés, mus par une vision cohérente du progrès politique, l'emporteront toujours sur les troupes d'un régime corrompu qui ne représente que son propre pouvoir. Le FPR envisageait l'armée comme une sorte d'université pratique. Pendant toute la guerre, officiers et soldats restaient affûtés non seulement en faisant l'exercice mais en suivant aussi un programme continu de séminaires politiques ; les individus étaient exhortés à penser et à parler personnellement, à discuter la ligne du parti tout en apprenant également à la servir. « Nous essayons d'encourager la responsabilité collective, me dit Kagame. Dans toutes mes fonctions, que ce soit au FPR, au gouvernement, dans l'armée, mon premier devoir est de faire éclore des gens capables de prendre des responsabilités sans hésiter. »

Parallèlement à la discipline politique, le FPR s'était gagné une réputation de stricte discipline militaire pendant les années de guérilla. Dans la plus grande partie de l'Afrique, l'uniforme et les armes du soldat équivalent depuis longtemps à une sorte de permis de se livrer au banditisme. Durant les quatre années de guerre au Rwanda, les cadres du FPR avaient inter-

diction de se marier ou même de nouer une liaison ; le vol était puni du fouet, et les soldats et officiers coupables de crimes tels que le meurtre et le viol risquaient la peine de mort. « Il n'est pas bon de se couvrir après avoir aussi gravement lésé autrui, me dit Kagame. Et nos hommes s'y sont pliés. La raison et la discipline se sont ainsi imposées. On ne peut pas laisser à des gens armés la liberté d'agir à leur guise. Si vous êtes équipés pour faire usage de la force, vous devez vous en servir rationnellement. Si on vous donne l'occasion de l'utiliser irrationnellement vous risquez de devenir un très grave danger pour la société. Il n'y a aucun doute là-dessus : l'objectif est de protéger la société. »

À la fin de la guerre, en juillet 1994, même la plupart des travailleurs humanitaires internationaux considéraient le FPR avec respect et saluaient avec une vibrante conviction la rectitude de sa cause et de sa conduite. S'il n'était nullement entré en guerre pour des raisons humanitaires, le FPR avait néanmoins été la seule force sur terre à respecter les exigences de la convention sur le génocide de 1948. Nul doute que des éléments du FPR avaient tué des génocidaires par représailles et commis des atrocités contre des civils hutu — en 1994, Amnesty International rapporta qu'entre avril et août « des centaines — peut-être des milliers — de civils sans armes et d'adversaires armés capturés » avaient été tués par les troupes FPR. Mais ce qui impressionna le plus vivement les observateurs au lendemain du génocide, ce fut la modération générale de cette armée rebelle, même lorsque ses soldats

retrouvaient leurs villages ancestraux et leurs propres familles anéantis.

« C'était impressionnant de voir combien ces gars du FPR savaient ce qu'ils voulaient, me dit James Orbinski, médecin canadien qui avait travaillé à Kigali pendant le génocide. Leurs notions du bien et du mal étaient assurément flexibles — c'était une armée, après tout —, mais, fondamentalement, leurs idées et leurs actes étaient beaucoup plus justes que mauvais. Les armées ont toujours un style. Ces gars-là, leurs uniformes étaient toujours repassés, ils étaient rasés de frais et leurs bottes étaient cirées. On les voyait se promener derrière leurs lignes, se tenant par la main deux par deux, fiers d'être là. Ils se battaient comme des diables, mais quand ils arrivaient quelque part, ce n'était pas l'habituel pillage africain. Je me rappelle que lorsque Kigali est tombé, un type a pris un poste de radio dans une maison, il a été aussitôt arrêté et fusillé. »

Un homme d'affaires hutu me donna une version différente : « Ils étaient très organisés, très stricts, *et* ils pillaient énormément. D'accord, ce n'était pas chacun pour soi. C'était dans l'ensemble très ordonné, militairement structuré. Mais ce dont ils avaient besoin ou ce qu'ils voulaient, ils le prenaient, du haut en bas de l'échelle. Ils sont arrivés dans mon magasin avec des camions et ont tout embarqué. Je n'étais pas content, bien sûr, mais à ce moment-là je me suis bien gardé de protester. J'y voyais une sorte d'impôt pour la libération — à l'époque. »

Héros, sauveurs, hérauts d'un ordre nouveau : les hommes — et les garçons (beaucoup d'entre eux n'étaient pas rasés de près, trop jeunes pour le rasoir) — de Kagame étaient alors tout cela. Mais le génocide assombrissait leur triomphe, et leur victoire était loin d'être complète. L'ennemi n'avait pas été vaincu ; il s'était simplement enfui. Où que l'on allât, à l'intérieur du Rwanda et dans les camps de la frontière, chez les dirigeants du FPR et chez ceux du Pouvoir hutu, chez les membres des organisations humanitaires ou chez les diplomates étrangers, dans les collines, dans les cafés et jusque dans les prisons bondées, on entendait dire qu'il y aurait un autre conflit, et bientôt. Ces propos avaient commencé juste après les derniers combats, et je les entendais chaque jour ou presque à chacune de mes visites.

Il était étrange d'attendre une guerre, ce que je faisais avec tout le monde pendant la plus grande partie de mes séjours au Rwanda. Plus son arrivée paraissait certaine, plus on la redoutait et plus on souhaitait qu'elle se hâtât d'éclater pour en être plus vite débarrassé. Ça ressemblait toujours davantage à un rendez-vous inéluctable. La seule manière de l'éviter était qu'une force internationale prête à combattre vînt désarmer l'armée et les milices du Pouvoir hutu réfugiées dans les camps des Nations unies près de la frontière, et il n'en était pas question ; au contraire, nous les protégions. On attendait donc, en se demandant à quoi ressemblerait la guerre ; et peu à peu je compris que cette attente anxieuse en faisait partie ;

la prochaine guerre était inévitable, tout simplement parce que la précédente n'avait jamais pris fin.

C'est dans ce climat d'urgence et de suspense, ni guerre ni paix, que le FPR entreprit de jeter les fondations d'un nouvel État rwandais et d'élaborer une nouvelle histoire nationale qui pût simultanément affronter le génocide et offrir un moyen de le transcender. Le Rwanda que le FPR s'était battu pour créer — où tous les Rwandais vivraient en paix pour la première fois depuis l'indépendance — était un rêve radical. Or l'existence d'un État croupion du Pouvoir hutu dans les camps frontaliers de l'ONU en retardait indéfiniment la réalisation. Dans ces conditions, même avant Kibeho, Kagame commença à dire que si la communauté internationale ne séparait pas dans les camps zaïrois les génocidaires du reste des réfugiés, pour renvoyer ces derniers chez eux, il s'en chargerait lui-même. « Nous voulons que les gens reviennent, me dit-il, parce que c'est leur droit et que c'est notre responsabilité de les faire rentrer, qu'ils nous soient favorables ou non. »

Entre-temps, tout projet de réconciliation et d'unité nationale se heurtait au fait que la prochaine guerre se livrerait à propos du génocide. En effet, tandis que le FPR et le nouveau gouvernement exigeaient que le génocide fût reconnu comme « l'événement fondateur de l'histoire rwandaise », selon l'expression de Kagame, le Pouvoir hutu cherchait toujours à faire entériner la réussite de son crime en l'inscrivant dans la continuité de l'histoire nationale.

Kagame me dit un jour qu'après la signature des accords d'Arusha, pendant l'été de 1993, il avait parlé de se retirer de la lutte — « pour partir étudier, ou simplement me reposer quelque part ». Mais « au bout de quelques semaines, cela devint un problème politique. Des gens venaient de Kigali pour me dire : "Tu sais, tout le monde est inquiet. Ils croient que lorsque tu as parlé de te retirer tu préparais quelque chose." » Kagame eut un gloussement aigu, chuintant. « Je leur ai répondu : "Écoutez, vous êtes vraiment injustes. Si je reste, je suis un problème. Quand je dis que je pars, je suis un problème. Si je voulais être un problème, je le serais vraiment. Vous ne voulez tout de même pas que je me traîne à genoux en pleurant ?" » De toute manière, la paix ne dura pas assez longtemps pour que Kagame se reposât. « Mon travail était de me battre. Je me suis battu. La guerre finie, j'ai dit : "Partageons le pouvoir." Et c'était sincère. Sinon, j'aurais pris toutes les commandes en main. »

Kagame et ses collègues du FPR n'apprécièrent pas du tout que la presse internationale qualifiât d'office le nouveau cabinet rwandais de « gouvernement de Kagame », « à domination tutsie » ou, plus explicitement encore, « dominé par la minorité ». Sans doute un moratoire avait-il été imposé aux activités des partis politiques, mais, dans l'esprit des accords d'Arusha, le gouvernement comprenait de nombreux membres des anciens partis d'opposition au Pouvoir hutu. Qui plus est, seize des vingt-deux ministres, dont le Premier ministre, le ministre de la Justice et celui de l'Intérieur, étaient hutu, tandis que l'armée, dont les

effectifs doublèrent rapidement pour atteindre plus de quarante mille hommes, incorporait plusieurs milliers d'officiers et de soldats issus des anciennes armée et gendarmerie d'Habyarimana. Comme me le dit le président, le pasteur Bizimungu, hutu lui-même, parler de domination tutsie, c'était se faire l'écho « des slogans ou représentations des extrémistes », alors que, pour la première fois depuis un siècle, depuis les débuts de la colonisation, « il y a dans ce pays des autorités, hutues et tutsies, qui mettent en place une politique visant à ce que la population entière puisse partager les mêmes droits et devoirs fondamentaux, quelle que soit l'origine ethnique de chacun — et cela ne plaît pas du tout aux extrémistes ».

Kagame, pour qui la fonction de vice-président avait été spécialement créée, ne niait pas que le FPR formât l'épine dorsale du régime et qu'en sa qualité de chef militaire et stratège politique il fût le personnage public le plus puissant du pays. « Celui qui contrôle l'armée contrôle tout », aiment à dire les Rwandais, et après la destruction totale des infrastructures nationales pendant le génocide cela semblait plus vrai que jamais. Or Kagame imposa des bornes institutionnelles à son propre pouvoir — qui d'autre pouvait l'y astreindre ? —, et quand il disait qu'il pouvait supprimer ces limitations, il ne faisait qu'énoncer une évidence. Peut-être d'ailleurs exagérait-il un peu, dans la mesure où il ne fut jamais certain, après le génocide, qu'il dominât totalement l'armée, mais il soulignait ainsi qu'il avait librement choisi de ne pas être un dirigeant absolu dans un pays

qui n'avait jamais connu autre chose. Et Kagame ajoutait : « Je n'ai jamais eu l'illusion que ces tâches politiques seraient simples. »

L'une des premières décisions du nouveau gouvernement fut d'abolir le système des cartes d'identité ethniques, qui avaient été le passeport pour la mort de tant de Tutsi pendant le génocide. Mais même sans ces papiers, tout le monde savait qui étaient ses voisins. Au lendemain des massacres, les catégories ethniques étaient devenues encore plus cruciales et connotées que jamais. Le Rwanda n'avait plus ni police ni tribunaux ; la grande majorité des responsables de l'ordre public avaient été tués ou étaient devenus des tueurs, et si les génocidaires présumés se faisaient arrêter par milliers, bien des Rwandais préférèrent régler leurs comptes eux-mêmes, sans attendre le rétablissement de l'État.

Il y eut donc des meurtres ; personne ne sait combien, mais on en apprenait tous les jours de nouveaux. En règle générale, les victimes étaient hutues et les tueurs non identifiés. Si l'APR assurait avoir incarcéré des centaines de soldats indisciplinés, le secret militaire occultait souvent ces affaires. Une cour martiale de l'APR n'en condamna pas moins deux soldats à mort pour avoir commis des meurtres en représailles, alors que personne n'avait encore été jugé pour les crimes commis durant le génocide. De leur exil, entretemps, les dirigeants du Pouvoir hutu accueillaient les nouvelles de représailles meurtrières par des protestations horrifiées qui ressemblaient souvent davantage à un joyeux soulagement — comme si chaque Hutu

assassiné réduisait d'autant leurs propres crimes. De Nairobi où il s'était enfui, Hassan Ngeze recommença à publier *Kangura* ; avec de nombreux autres pamphlétaires « réfugiés », il lança une vigoureuse campagne, destinée essentiellement aux diplomates, journalistes et humanitaires occidentaux, pour proclamer plus bruyamment que jamais que le FPR était le véritable agresseur génocide.

« Ce gang a commis un génocide, puis il dit Hutu-Tutsi, Hutu-Tutsi, et tout est génocide pour lui, ironisait Kagame. Johannesburg, à lui seul, compte plus de crimes que le Rwanda tout entier. Nairobi encore davantage. Je reconnais que nous avons des problèmes. Je reconnais que les choses sont moches. Mais je dis : il ne faut pas tout confondre. »

Les nouveaux dirigeants du Rwanda se rendaient bien compte de ce paradoxe : si le génocide leur avait donné des pouvoirs plus vastes, il les empêchait en même temps de les utiliser comme ils l'avaient promis. « Nous avons été obligés de faire face à une situation entièrement nouvelle, entièrement différente — que nous n'avions pas prévue, admettait Kagame. Ce rebondissement a été si abrupt et l'ampleur des problèmes qui ont surgi si immense, qu'unifier le peuple et le pays est devenu plus difficile. On constate ainsi que, dans l'armée, environ un tiers des gens, peut-être un peu plus, ont perdu leur famille. Et en même temps, les responsables ne sont pas réellement traduits en justice. Cela ne peut que saper l'enthousiasme initial et la discipline. C'est naturel, absolument naturel, mais vous imaginez les conséquences. »

Une étude ultérieure de l'UNICEF conclut que, sur six enfants présents au Rwanda pendant le génocide, cinq au moins avaient vu le sang couler, et on peut supposer que les adultes n'avaient pas été davantage épargnés. Représentez-vous ce qu'une pareille dévastation signifie pour une société, et il devient clair que le crime du Pouvoir hutu fut beaucoup plus grave encore que le meurtre de près d'un million d'êtres humains. Personne au Rwanda n'échappa aux dommages physiques ou psychologiques directs. La terreur se voulait totale et durable, afin de laisser les Rwandais déboussolés pendant très longtemps dans le tourbillon de leurs souvenirs, et nul doute qu'elle a atteint cet objectif.

J'étais parfois tenté de considérer le Rwanda d'après le génocide comme un pays impossible. Kagame ne semblait jamais s'autoriser le luxe d'une vision aussi stérile. « Les gens ne sont pas intrinsèquement mauvais, me dit-il. Mais on peut les rendre mauvais. Et on peut leur apprendre à être bons. »

Kagame paraissait toujours si raisonnable, si réconfortant, même lorsqu'il évoquait, avec une franchise caractéristique, les interminables épreuves et l'angoisse persistante que l'avenir réservait certainement. Il parlait de tous les malheurs de son minuscule pays saccagé comme d'une série de problèmes à résoudre, et le défi semblait l'enchanter. C'était un homme d'une rare envergure — un homme d'action doté d'une intelligence humaine et politique aiguë. Il était impossible de concevoir une manière d'aborder l'his-

toire dans laquelle il était né et qu'il faisait désormais qu'il n'eût pas déjà envisagée. Là où d'autres voyaient un échec, il discernait une possibilité. N'était-il pas, après tout, un révolutionnaire ? Pendant plus de quinze ans sa vie n'avait-elle pas consisté à renverser des dictateurs et à instaurer de nouvelles institutions dans les circonstances les plus difficiles ?

Parce qu'il n'était pas un idéologue, Kagame était souvent taxé de pragmatisme. Mais cela suggère une indifférence aux principes, alors que, avec la discipline du soldat, il s'efforçait d'ériger la rationalité en principe. La raison peut être impitoyable, et Kagame, qui avait grandi à une époque impitoyable, était convaincu qu'avec la raison il pourrait redresser tout ce qui n'était pas droit au Rwanda, transformer réellement le pays et son peuple — les rendre plus sensés, et par conséquent meilleurs —, et il entendait prouver le bien-fondé de sa démarche. Quel qu'en soit le prix. À ceux qui préféraient la violence à la raison, Kagame était prêt à livrer bataille, et, contrairement à la plupart des politiques, lorsqu'il parlait ou agissait, il essayait d'être compris, non d'être aimé. Il était donc clair, et il pouvait aussi se montrer remarquablement persuasif.

Nous nous rencontrions toujours dans son bureau, au ministère de la Défense, vaste pièce aux fenêtres tendues de rideaux diaphanes. Il courbait sa carcasse filiforme dans un grand fauteuil de cuir noir, je m'asseyais à sa droite sur un divan, et il répondait à mes questions pendant deux ou trois heures d'affilée avec une concentration d'une férocité tranquille. Et ce

qu'il disait comptait, parce que Kagame était véritablement quelqu'un d'important. Il créait l'événement.

À plusieurs reprises, assis auprès de lui, je me surpris à penser à un autre célèbre guerrier dégingandé des droits civiques, Abraham Lincoln, qui avait dit : « C'est nier les enseignements de l'histoire mondiale que de supposer que des hommes d'ambition et de talent ne continueront pas à surgir parmi nous [...], qu'il leur faille pour cela émanciper les esclaves ou réduire les hommes libres en esclavage. » Kagame avait montré qu'il savait fort bien obtenir ce qu'il voulait, et s'il souhaitait vraiment trouver une réponse originale aux circonstances originales dans lesquelles il se trouvait, la seule voie qui s'ouvrît devant lui était l'émancipation. C'était assurément ainsi qu'il présentait les choses, et je ne doutais pas que telle fut sa volonté.

Puis arrivait toujours le moment où je devais quitter son bureau. Kagame se levait, nous nous serrions la main, un soldat avec une arme à la ceinture ouvrait la porte, et je replongeais dans le Rwanda.

15

Bonaventure Nyibizi et sa famille furent évacués de l'église de la Sainte-Famille vers la zone FPR à la mi-juin 1994. Du convoi qui les emmenait, Kigali lui fit l'effet d'une nécropole : « Rien que du sang et — il émit un sifflement de pneu qui se dégonfle — pffff... »

Dans les camps du FPR où étaient regroupés les survivants, Bonaventure chercha à obtenir des nouvelles de ses parents et amis. Il ne lui fallut pas longtemps pour conclure qu'« il était irréaliste d'espérer que quiconque ait survécu ». Si l'une de ses sœurs avait échappé au massacre, trois des cinq enfants de celle-ci avaient été tués, de même que sa mère et tous ceux qui vivaient avec elle. La plupart des parents et amis de sa femme avaient aussi été assassinés. « Parfois, on rencontrait quelqu'un qu'on croyait mort, et l'on apprenait qu'untel et untel étaient parvenus, d'une manière ou d'une autre, à rester vivants. » Mais l'euphorie de ces retrouvailles, qui scandèrent le deuil des rescapés pendant des mois après le génocide, ne pouvait compenser les pertes qui se révélaient chaque

jour plus nombreuses. « Surtout, dit Bonaventure, on ne voulait même plus espérer. »

Vers le 20 juillet, Bonaventure rentra chez lui et sombra bientôt dans le désespoir. « C'était démentiel. Kigali puait la mort. Il n'y avait presque plus personne qu'on connaissait d'avant, plus d'eau et d'électricité, mais le problème pour la plupart des gens, c'était que leur maison était détruite. La mienne était presque entièrement dévastée. On trouvait ses meubles et ses affaires chez des voisins qui s'étaient enfuis ou l'on prenait les objets des voisins. Mais pour moi ça n'avait aucune importance. Je n'avais vraiment pas envie de faire quoi que ce soit. »

Pour Bonaventure, avoir survécu n'avait pas de sens tant qu'on n'avait pas trouvé « une raison de revivre, une raison d'escompter le lendemain ». C'était une conception très répandue au Rwanda, où la dépression était endémique. On décrit souvent le prétendu instinct de survie comme une pulsion animale à se préserver. Mais lorsque la menace de l'annihilation physique a disparu, l'âme a encore besoin de protection, et une âme blessée devient la source de sa propre affliction ; elle ne peut se guérir directement toute seule. Si bien qu'avoir survécu peut apparaître comme une malédiction, car l'un des besoins fondamentaux de l'âme asthénique est qu'on ait besoin d'elle. Mes rencontres avec des survivants me persuadèrent que dans ce genre de situation le besoin de s'occuper des autres est souvent plus grand que celui de prendre soin de soi-même. Dans tout ce pays spectral, les survivants partaient à la recherche les uns des

autres pour se regrouper entre parents et s'installer ensemble dans des cabanes abandonnées, des appentis ou des boutiques incendiées, en espérant trouver réconfort et sécurité dans ces foyers reconstitués à la hâte. Un univers fantomatique d'êtres gravement traumatisés et douloureusement démunis se constitua au milieu des ruines. Le plus terrifiant, c'étaient les orphelins : deux ans après le génocide, plus de cent mille enfants se prenaient mutuellement en charge, sans l'intervention d'aucun adulte.

Bonaventure, qui avait encore sa femme et ses enfants, entreprit d'adopter d'autres enfants. Non seulement il retrouva sa voiture et ce qui restait de sa maison, mais son employeur étranger lui versa ses arriérés de salaire. Il avait néanmoins besoin d'autre chose pour vivre — d'un avenir, disait-il. En août, il apprit que USAID envoyait quelqu'un pour remonter sa mission à Kigali. Bonaventure alla chercher l'homme à l'aéroport et reprit le travail avec frénésie. « Quatorze heures par jour. J'étais épuisé, mais ça m'a beaucoup aidé. » Il en vint bientôt à redouter pardessus tout l'oisiveté et l'indifférence qu'il assimilait à l'attitude de victime dans laquelle il était récemment englué. « Quand vous regardez autour de vous, la plupart des gens qui ont perdu famille et amis, que font-ils ? En fait, rien du tout. Il n'y a donc aucun espoir pour eux. S'occuper est très, très important. »

Tout était à faire, et sur-le-champ. Bonaventure n'arrivait pas à concevoir comment le Rwanda pourrait recommencer à fonctionner un tant soit peu nor-

malement, et les spécialistes internationaux des catastrophes qui commencèrent à affluer pour évaluer la situation s'accordaient tous à dire qu'ils n'avaient jamais vu un pays aussi dévasté. Quand le nouveau gouvernement prit ses fonctions, il n'y avait pas un dollar ni même un seul franc rwandais dans les caisses ; pas un bloc de papier propre, pas une agrafe et encore moins une agrafeuse en état de marche dans la plupart des bureaux de l'administration. Quand d'aventure il restait une porte, personne n'en avait la clé ; lorsqu'un véhicule n'avait pas été emporté, c'était selon toute vraisemblance parce qu'il était en panne. Les latrines — comme les puits — regorgeaient la plupart du temps de cadavres. Plus d'eau, plus d'électricité, plus de téléphone. À Kigali, toute la journée, on entendait des détonations — quelqu'un venait de marcher sur une mine ou de heurter un projectile non explosé. Les hôpitaux étaient en ruine, alors qu'on n'avait jamais eu aussi cruellement besoin de leurs services. La plupart des églises, des écoles et des autres bâtiments publics qui avaient servi d'abattoirs avaient été mis à sac, et leur personnel était généralement mort ou en fuite. La récolte de thé et de café était perdue ; des vandales avaient détruit toutes les usines de conditionnement du thé et quelque soixante-dix pour cent des machines à dépulper le café.

Dans ces circonstances, on aurait compris que le rêve du retour ait perdu de son attrait pour les Tutsi de la diaspora rwandaise ; eux qui avaient refait leur vie à l'étranger, où ils vivaient en sécurité, en apprenant le massacre général de leurs parents, de leurs

frères et sœurs, de leurs cousins et de leur famille par alliance, ils auraient pu préférer attendre en exil le terme naturel de leur existence. Ou encore le simple désir de ne pas sombrer dans la folie aurait pu leur faire renoncer définitivement à considérer le Rwanda comme leur patrie. Au contraire, les exilés commencèrent à rentrer en masse au Rwanda avant même que le sang ait séché. Des dizaines de milliers revinrent sur les talons du FPR, et des centaines de milliers d'autres réfugiés ne tardèrent pas à les suivre. Les Tutsi de retour et les foules de Hutu en fuite se croisaient aux frontières.

Les rapatriés rwandais venaient de toute l'Afrique et de plus loin encore : de Zurich et de Bruxelles, de Milan, Toronto, Los Angeles et La Paz. Neuf mois après que le FPR eut libéré Kigali, plus de sept cent cinquante mille anciens exilés tutsi (et près d'un million de vaches) avaient regagné le Rwanda, comblant presque entièrement le vide laissé par les morts. Quand il soulignait qu'il ne reconnaissait presque plus personne à Kigali, Bonaventure ne songeait pas seulement aux disparus mais aussi à tous les nouveaux venus. Après que j'eus passé plusieurs mois au Rwanda, il m'arrivait souvent de découvrir que j'y étais depuis plus longtemps que les Rwandais avec qui je parlais. Lorsque je leur demandais pourquoi ils étaient rentrés, j'obtenais généralement des réponses évasives — pour se rendre compte, pour voir qui avait survécu, pour donner un coup de main —, mais presque toujours on me disait : « C'est bon d'être chez soi. »

Une fois de plus le petit Rwanda présentait au monde un phénomène sans précédent. Même les dirigeants du FPR, qui utilisaient pourtant depuis des années les réseaux d'exilés — pour sensibiliser, réunir des fonds, recruter — étaient stupéfaits de l'ampleur de ce retour. Qu'est-ce qui poussait ces gens, dont beaucoup n'avaient jamais mis le pied au Rwanda, à abandonner des vies relativement établies et sûres pour s'installer dans un cimetière ? L'héritage de l'exclusion, les tribulations de l'exil et le souvenir — ou le désir — d'une patrie, tout cela joua un rôle. De même qu'une détermination générale à défier le génocide, à faire face et à être respecté dans un endroit où l'on aurait dû être anéanti. Et chez nombre d'entre eux, le sentiment d'appartenance se mêlait à l'appât du gain.

Attirés par les logements vacants et par une demande de biens et de services très supérieure à l'offre, les exilés déferlèrent sur le pays chargés de tissus, de quincaillerie, de médicaments, d'épicerie, etc. Celui qui arrivait avec une voiture pouvait immédiatement se lancer dans les transports ; un camion, et l'on s'improvisait routier ; avec quelques milliers de dollars on montait un petit commerce, et avec cent mille dollars on devenait capitaine d'industrie. On citait le cas de gens qui avaient réuni quelque argent pour louer un véhicule et le bourrer de cigarettes, de bougies, de bière, de carburant ou de piles électriques, étaient partis avec ce chargement au Rwanda, où ils l'avaient vendu avec un bénéfice de deux cents ou trois

cents pour cent, puis avaient répété l'opération dix ou quinze fois, devenant riches en quelques semaines.

N'importe qui — vous ou moi — aurait pu en faire autant, et un certain nombre de profiteurs étrangers s'engraissèrent effectivement dans le Rwanda d'après le génocide. Mais s'il s'agissait de s'enrichir rapidement, les Rwandais des classes moyennes, au faîte de leur carrière, vivant en exil avec de jeunes enfants qui n'avaient jamais risqué de se faire décapiter par un voisin, n'avaient aucune raison de déménager avec toute leur famille dans le pays. L'appât du gain explique seulement que le retour était un choix viable : en quelques mois les taxis circulaient dans les avenues de Kigali, les boutiques avaient rouvert, la plupart des services publics fonctionnaient, de nouveaux billets de banque avaient été mis en circulation, éliminant l'ancienne monnaie razziée par les génocidaires. Le franc rwandais avait subi une dévaluation d'au moins deux cent cinquante pour cent entre le début et la fin de 1994, mais tant d'argent circulait entre les frontières que la moindre discothèque n'avait qu'à mettre le générateur en route pour que les danseurs se pressent sur la piste. Le vieux dicton selon lequel il est bien plus facile de détruire que de créer demeurait vrai, mais nul doute que le Rwanda remit ses équipements de base en état à une vitesse presque aussi stupéfiante que celle avec laquelle ils avaient été détruits.

Il était impossible de n'être pas ému par le retour massif des « Cinquante-neuvards », et impossible aussi

de n'en être pas troublé. En 1996, plus de soixante-dix pour cent de la population de Kigali, de Butare et de certaines régions rurales du Rwanda oriental étaient, semble-t-il, de nouveaux venus. Les Rwandais qui n'avaient jamais quitté le pays — Tutsi et Hutu — se sentaient souvent étrangers chez eux. Leurs récriminations s'accompagnaient fréquemment d'un « Ne me citez pas nommément ! ». Une telle demande d'anonymat peut avoir toutes sortes d'explications. Elle suggère une atmosphère d'intrigue et de peur, et le désir de dire la vérité dans des circonstances où celle-ci est dangereuse. Mais elle peut aussi mettre entre parenthèses certains moments d'une longue conversation, dans lesquels le témoin semble douter de ce qu'il dit, se livre à des allusions personnelles, voire mesquines, ou exagère considérablement, quitte même à mentir complètement, pour présenter un argument qu'il sait ne pouvoir pleinement défendre. Celui qui reçoit ces confidences doit essayer de discerner le calcul derrière la requête. Avec les Rwandais, qui avaient chèrement appris à ne sous-estimer aucune crainte, c'était souvent très délicat. Je me méfiais particulièrement des remarques anonymes qui attribuaient telle ou telle qualité à un groupe entier, y compris celui de mon interlocuteur. Aussi, lorsque des gens qui parlaient ouvertement demandaient soudain de ne pas être cités, puis disaient d'horribles choses sur les « cinquante-neuvards » tutsi, comme s'il ne s'agissait que d'une seule personne, j'étais sceptique. Et pourtant on me rapporta ces mêmes histoires et ces mêmes attitudes des centaines de fois.

« Ils arrivent ici, ils nous voient et ils disent : “Comment avez-vous survécu ? Avez-vous collaboré avec les *interahamwe* ?” me raconta ainsi un survivant tutsi. Ils croient que nous sommes idiots d’être restés au pays — et ils ont peut-être raison — et ils nous méprisent. Ils ne veulent pas qu’on leur rappelle ce qui s’est passé. Ça nous choque au plus profond de nous-mêmes. »

« Les Tutsi ont été victimes des massacres de l’année dernière et ce sont maintenant les Tutsi qui dominent l’armée, me déclara un opposant hutu à Habyarimana. Nous avons donc cru que les survivants seraient pris en charge, que ce serait la première tâche du nouveau gouvernement. Mais seuls ceux qui rentrent de l’extérieur obtiennent des logements. Et en même temps, si ces gens de l’extérieur ont des ennuis avec un Hutu, ils l’accusent d’avoir commis le génocide dont ils n’ont même pas souffert. »

« Nous les survivants, me confia un Tutsi, nous avons beaucoup de mal à nous intégrer dans la société actuelle, et aussi — je regrette beaucoup de devoir le dire — dans l’administration du pays. Ils ont leur propre style de l’extérieur, et ils n’ont guère confiance en nous non plus. En arrivant, ils se sont emparés du pays comme d’une conquête. Ils estimaient que c’était à eux de le prendre en main. Ils disaient de nous, les Tutsi de l’intérieur : “Les plus intelligents sont morts et les survivants sont traumatisés.” Les jeunes combattants du FPR avaient tous des parents qui arrivaient de l’étranger, et ils étaient las de l’austérité des combats, alors ils se sont approprié les maisons et les

biens, et ils n'appréciaient pas que les rescapés se mettent en travers de leur chemin. Ils disaient : "S'ils ont tué tout le monde et que vous ayez survécu, c'est peut-être que vous avez collaboré." C'est ce qu'ils ont dit à une femme qui avait été violée vingt fois par jour, jour après jour, et a maintenant un bébé à cause de ça. C'est ce qu'ils disent à un Tutsi marié à une Hutu ou à un enfant orphelin. Vous imaginez ? Pour nous, c'était trop dur au début de découvrir que tout le monde était mort, que nous ne connaissions personne. Il ne nous est pas venu à l'esprit de nous emparer des meilleures maisons, et maintenant c'est nous qui nous occupons de la plupart des orphelins. »

« Ils ne connaissent pas le pays, me dit un Hutu. Ils ne se font confiance qu'entre eux. Ils n'étaient pas ici et ne peuvent comprendre. Leur influence est en partie bonne. Nous avions besoin de changement, d'idées neuves. Mais il y a beaucoup d'extrémistes parmi eux. Et beaucoup de Hutu qui ont eu des ennuis pendant les massacres de l'année dernière ont de nouveau des ennuis sous ce régime-ci. Des gens que l'on soupçonnait alors d'être partisans du FPR sont maintenant accusés d'être génocidaires. Certains sont en prison. Certains fuient à l'étranger. D'autres sont tués. Le gouvernement est sous la coupe de l'armée, et l'armée n'est pas suffisamment contrôlée de l'intérieur. En fait, si je pouvais me permettre de ne pas vivre dans un camp sous des bâches en plastique en compagnie de génocidaires, je deviendrais réfugié. »

« Nos femmes, dit un Tutsi, faisaient des collectes pour envoyer des tampons hygiéniques aux femmes

du FPR, quand elles étaient dans les montagnes, et maintenant quand nous sommes avec nos vieux amis hutu, qui font partie des gens dont nous nous sentons les plus proches, on nous regarde de l'air de dire : "Pourquoi êtes-vous toujours fourrés avec ces Hutu ?" Et nous nous disons : "Nous avons vécu avec des Hutu toute notre vie, nous parlons presque la même langue, et nous avons vu nos familles se faire tuer par les Hutu, mais vous êtes plus racistes que nous." Le Hutu est un ennemi dans leur subconscient. Leur idée de la cohabitation est vraiment très théorique. Pour les Hutu, aujourd'hui, c'est comme pour nous avant l'arrivée du FPR. Même si vous vivez tranquillement, vous ne pouvez pas dire grand-chose, vous ne pouvez pas critiquer un homme politique, il vous faut vivre dans la peur. Bien sûr, tous les Hutu ont maintenant des proches dans les camps ou en prison, et on ne peut abandonner son frère même s'il a tué. C'est donc un vrai problème que de savoir en qui avoir confiance. Mais les rapatriés ne veulent même pas en parler. »

Même parmi les anciens exilés on pestait beaucoup contre les autres rapatriés. Eux qui se voyaient comme un seul peuple de retour au pays, découvraient qu'ils étaient des gens très divers venant d'endroits très différents. Ceux qui avaient vécu les trente dernières années en Ouganda, où on les appelait rwandais, étaient en fait profondément ougandais, et les « Rwandais » du Burundi leur paraissaient étrangers. Ils n'avaient pas plus de raisons de se juger apparentés qu'un enfant de Siciliens né en Argentine et un Milanais émigré en Suède, où il aurait passé toute sa vie

adulte. S'adapter à la vie au Zaïre sous la dictature capricieuse de Mobutu Sese Seko et en Tanzanie sous le socialisme autoritaire de Julius Nyerere n'avaient pas été des expériences comparables. Certains rapatriés avaient vécu dans des pays francophones, d'autres dans des pays anglophones, et si la plupart parlaient au moins un peu le kinyarwanda, beaucoup se sentaient plus à l'aise avec le swahili ou une autre langue africaine que d'autres anciens exilés ne connaissaient pas.

Le Pouvoir hutu avait créé un univers dans lequel il n'y avait qu'eux et nous, et le Rwanda passait encore, à l'intérieur comme à l'extérieur, pour un monde bipolaire de Hutu et de Tutsi. Mais sous cette surface affleurait un réseau complexe de subdivisions : Hutu au passé exemplaire et Hutu suspects, Hutu en exil et Hutu déplacés, Hutu qui voulaient travailler avec le FPR et opposants hutu au Pouvoir hutu qui étaient également hostiles au FPR, sans compter bien entendu toutes les vieilles animosités entre Hutu du Nord et ceux du Sud. De même, chez les Tutsi, on rencontrait toutes les expériences et les langues différentes de l'exil ; survivants et anciens réfugiés qui se regardaient avec une méfiance mutuelle ; Tutsi FPR et Tutsi non FPR ; citadins et éleveurs, dont les préoccupations de rescapés ou d'anciens exilés n'avaient presque rien de commun. Et, naturellement, s'ajoutaient toutes sortes d'autres subdivisions parallèles qui pouvaient, à n'importe quel moment, devenir plus importantes : clans et familles, riches et pauvres, catholiques, musulmans,

protestants de diverses nuances, outre toutes les appartenances et affiliations sociales habituelles, y compris la division entre sexes. Les mariages se multipliaient d'ailleurs à un rythme effréné — chez les uns parce que la guerre était finie et que le FPR le leur permettait, et chez les autres parce qu'ils avaient perdu toute autre forme de famille.

On s'y perdait. Jusqu'aux Rwandais eux-mêmes. La plupart ne fréquentaient que les gens qu'ils connaissaient auparavant et ne se souciaient guère de se faire de nouveaux amis, pourvu qu'ils ne se fassent pas de nouveaux ennemis. À terme, j'apercevais un espoir, de mon point de vue d'Américain, dans le fait qu'un pays détruit par la volonté folle de conférer à chaque citoyen exactement la même identité qu'à tous les autres — l'identité d'un massacreur, rien de moins — présentait plus de diversité que jamais. Mais c'était envisager les choses à très longue échéance. Les mariages interethniques n'avaient jamais été aussi rares : autre victoire des génocidaires dans le nouveau Rwanda officiellement sans distinctions raciales. Et pas un jour ne s'écoulait sans que *radio trottoir* se fît l'écho d'une nouvelle histoire annonçant une imminente invasion du Pouvoir hutu depuis le Zaïre voisin.

« Ils racontent qu'on a gagné la guerre, mais nous, nous avons trop perdu », me dit Odette Nyiramilimo. Après le génocide, Jean-Baptiste et elle avaient adopté dix orphelins et décidé de soigner gratuitement les enfants survivants dans leur clinique. « C'est pour nous une obligation morale, mais les enfants sont

tellement traumatisés que nous ne savons pas trop comment les aider. »

Après avoir été évacués de l'Hôtel des Mille-Collines, Jean-Baptiste était allé travailler avec une unité médicale du FPR qui soignait les rescapés tandis qu'Odette emmenait leurs trois enfants à Nairobi, en se jurant bien de ne jamais revenir au Rwanda. C'est là qu'on lui apprit que quelques-uns de ses neveux et de ses nièces avaient survécu. « Dès que j'ai su ça, j'ai compris qu'il fallait que je rentre. Nous les avons recherchés et accueillis chez nous, mais il est très difficile de satisfaire tous leurs besoins. L'un d'eux — qui avait quatre ans — pesait seulement sept kilos et demi quand nous l'avons trouvé. » À un autre moment, Odette me raconta : « Nous étions en voiture, Jean-Baptiste, nos trois enfants et moi, et l'un des gosses a dit : "Je suis si heureux qu'on soit tous les cinq ensemble de nouveau." Nous leur avons demandé : "N'êtes-vous pas contents de vivre avec vos cousins ?" Mais ils n'ont rien répondu. »

Odette regarda ses enfants qui jouaient dans la piscine du Cercle sportif. Puis, se tournant vers moi, elle ajouta : « Cette vie après le génocide est vraiment effroyable. » La fluidité et l'urgence avec lesquelles elle avait relaté ses précédentes épreuves fit place à une série d'associations sur un rythme sautillant lorsqu'elle décrivit sa vie au lendemain des massacres. « Lorsque j'étais encore à Nairobi, en jurant de ne jamais revenir, il y avait un groupe de jeunes cinquante-neuvards rwandais qui étaient allés visiter le Rwanda pour la première fois. De retour à Nairobi,

ils disaient que tout était beau et merveilleux là-bas, et que le seul problème au Rwanda, c'était les survivants qui voulaient tout le temps vous raconter leurs histoires. Ça m'a vraiment horrifiée.

« Le traumatisme revient de plus en plus à mesure que le temps passe — cette année plus que la précédente. Alors comment puis-je espérer en l'avenir ? Nous nous réfugions un peu dans le travail, mais beaucoup de gens deviennent très déprimés. J'ai peur que ça n'empire. Je rêve de plus en plus à mes sœurs et je pleure dans mes rêves. »

Un neveu d'Odette avait survécu au génocide à Kinunu, sur la colline où elle était née dans la province de Gisenyi. Elle n'était allée le voir qu'une seule fois, pour l'aider à enterrer leurs nombreux morts, et elle ne voulait pas y retourner. « Tous les Hutu de l'endroit sont sortis en nous voyant arriver et quelques-uns ont voulu nous embrasser. J'ai crié : "Ne me touchez pas. Qu'avez-vous fait de nous tous ?" L'un d'eux était marié à l'une de mes cousines. Je lui ai demandé : "Où est Thérèse ? — Je n'ai rien pu faire", a-t-il répondu. "Qu'est-ce que ça veut dire ? — Ce n'est pas moi qui l'ai fait." Alors je lui ai dit : "Je ne veux pas te voir. Je ne te connais plus." Maintenant, quand les Hutu du village voient une voiture arriver chez mon neveu, ils se cachent tous. Certains diront que je suis une extrémiste parce que je n'arrive pas à accepter ou tolérer les gens qui ont tué ma famille. Mais s'ils ont eu peur une fois dans leur vie — et moi j'ai peur depuis l'âge de trois ans —, au moins savent-ils quel effet ça fait. »

Odette avait du mal à se lier d'amitié avec les anciens exilés. « Ils sont arrivés avec toutes leurs affaires. Ils peuvent rire, faire la fête. Entre nous il est toujours question du génocide, et ils n'aiment pas en entendre parler. Quand ils voient que je suis mariée avec un Hutu, que j'ai de vieux amis hutu, ils ne comprennent pas. En réalité, chacun vit pour soi aujourd'hui.

« Je parlais avec mon benjamin, Patrick. "À quoi penses-tu ?" lui ai-je demandé. "Ces deux types qui sont arrivés avec des machettes, m'a-t-il répondu. Ça revient tout le temps." Les enfants ne sortent pas — il faut les y forcer —, ils préfèrent rester à la maison. Ils y pensent beaucoup. Mon petit Patrick, quand il entre seul dans une chambre, il regarde sous le lit s'il n'y a pas d'*interahamwe*. Ma fille Ariane était à Nairobi dans un très bon pensionnat, et une nuit elle n'a pas pu s'endormir et elle a tout revécu en pleurant. À minuit, la surveillante du dortoir est venue la voir, et pendant presque toute la nuit Ariane lui a raconté ce qui s'était passé. La surveillante n'en revenait pas. Elle ignorait tout. Et c'était une Kenyane. Personne ne sait vraiment. Personne ne veut savoir. »

Odette désigna du menton mon carnet, où je notais ce qu'elle me racontait. « Croyez-vous que les Américains veulent vraiment lire ça ? Les gens me disent d'écrire toutes ces choses, mais c'est inscrit au fond de moi. J'espère presque qu'un jour viendra où j'aurai pu tout oublier. »

Un jour à Kigali, je tombai sur Edmond Mrugamba, que j'avais rencontré en diverses occasions, et

il m'invita à aller voir avec lui les latrines où sa sœur et la famille de celle-ci avaient été jetées pendant le génocide. Il m'avait déjà raconté la scène : je me souvenais qu'il avait décrit le meurtre de sa sœur en fendant l'air de la main et en imitant avec la bouche le *tcha, tcha, tcha* des machettes.

Edmond conduisait une Mercedes, l'une des rares qui subsistât au Rwanda, et portait une chemise et un pantalon en jean délavé avec des bottes noires de cow-boy. Il travaillait auparavant pour un programme de développement allemand et avait épousé une Allemande, qui était restée à Berlin avec leurs enfants après le génocide. En roulant vers l'aéroport, il me raconta qu'il avait beaucoup voyagé et qu'il était toujours revenu de ses nombreux déplacements en Afrique de l'Est et en Europe avec le sentiment que les Rwandais étaient les gens les plus gentils, les plus respectables du monde. Ce n'était plus son avis. En 1990, menacé parce que tutsi lorsque le FPR avait lancé sa première offensive, il s'était exilé pour ne rentrer qu'après l'entrée en fonctions du nouveau gouvernement. Edmond avait un peu moins de quarante ans ; son père gardait un troupeau de vaches à Kigali ; son frère aîné avait été tué pendant les massacres de 1963. « Et je ne parle pas de mes oncles, assassinés en 59 et en 61, de ma grand-mère brûlée dans sa maison, de mon oncle maternel, un infirmier, découpé en morceaux. Il y a eu encore bien d'autres morts dans la famille, et les autres ont eu la chance de pouvoir partir au Burundi. » Edmond lui-même avait vécu onze ans au Burundi avant de revenir au pays sous la prési-

dence d'Habyarimana et de trouver du travail avec les Allemands. Il me montra une photo de lui en tenue léopard et chapeau de brousse avachi. En 1993, il avait quitté l'Allemagne pour l'Ouganda et s'était équipé ainsi à ses frais pour rejoindre le FPR — « puis mon appendice a éclaté et j'ai dû me faire opérer ».

Barbu, Edmond avait un visage expressif ; il parlait doucement, mais avec beaucoup d'intensité. Malgré ses tribulations, il n'avait jamais imaginé dans toute leur ampleur la hideur, la cruauté — « la maladie », disait-il — qui avaient affligé le Rwanda, et il n'arrivait pas à comprendre comment cela avait pu être si bien masqué. « Un animal tuera, mais jamais pour anéantir une race, une collectivité tout entière. Que représentons-nous donc dans ce monde ? »

Edmond était rentré d'exil parce qu'il ne pouvait supporter de vivre à l'étranger en se disant qu'il pourrait servir à quelque chose au Rwanda. Il vivait seul dans une petite maison sombre, avec un jeune neveu que le génocide avait rendu orphelin. « Et je me demande parfois : ma présence a-t-elle vraiment la moindre importance ? Pour bâtir un nouveau Rwanda. Je rêve tout le temps. J'échafaude des théories de cette histoire de violence. Je rêve de trouver une manière d'en finir. »

En arrivant dans les faubourgs de Kigali, nous prîmes une piste de terre rouge qui descendait en se rétrécissant entre de hautes clôtures de roseau entourant de modestes habitations. La barrière métallique bleue de la maison de sa sœur morte était ouverte. La cour était envahie de buissons desséchés et de

décombres. Une famille de squatters — Tutsi qui venaient de rentrer du Burundi — jouait au Scrabble dans le salon. Edmond les ignora. Nous fîmes le tour de la maison, jusqu'à un carré de bananiers morts de soif. Il y avait deux trous dans le sol, d'un mètre de diamètre, à une trentaine de centimètres l'un de l'autre — des puits nets, profonds, creusés à la machine. Edmond empoigna un buisson, se pencha au-dessus des trous et me dit : « Vous pouvez voir les tibias. » Je regardai à mon tour et j'aperçus en effet les os.

« Quatorze mètres de profondeur », dit Edmond. Son beau-frère, m'expliqua-t-il, était fanatiquement religieux, et le 12 avril 1994, quand les *interahamwe* l'arrêtèrent à un barrage routier au bout de la rue et l'obligèrent à les conduire chez lui, il avait obtenu qu'ils le laissent prier avant de le tuer. Après s'être recueilli pendant une demi-heure, il avait dit aux miliciens qu'il ne voulait pas que sa femme et ses enfants soient démembrés, alors ils l'avaient invité à jeter ses enfants vivants dans les fosses, ce qu'il avait fait. Puis ils y précipitèrent sa femme et lui.

Edmond sortit un appareil photo d'un sac en plastique et prit quelques clichés des trous dans le sol. « Les gens viennent au Rwanda, dit-il, et parlent de réconciliation. C'est insultant. Vous imaginez parler aux Juifs de réconciliation en 1946 ? Peut-être dans longtemps, mais c'est une affaire privée. » Les squatters étaient sortis entre-temps de la maison et se tenaient en groupe à quelques mètres de là. En entendant l'histoire d'Edmond, ils se mirent à renifler.

Sur le chemin du retour, je demandai à Edmond s'il connaissait les gens qui habitaient chez sa sœur. « Non, répondit-il. Quand je vois des gens qui vivent dans une maison qui ne leur appartient pas, alors qu'il y a partout des survivants qui ont perdu leur foyer, je sais que ce sont des misérables et je ne veux rien avoir à faire avec eux. Je ne peux penser qu'à ceux que j'ai perdus. » Un de ses frères avait été tué lui aussi, ajouta-t-il. Il connaissait le meurtrier et l'apercevait de temps en temps dans les rues de Kigali.

« Je lui parlerai un jour. Je tiens à ce qu'il m'explique comment il a pu faire une chose pareille. Ma sœur qui a survécu voulait qu'on le dénonce, mais j'ai bien vu ce qui s'est passé — la vague d'arrestations tout d'un coup — et je lui ai répondu : "À quoi bon la prison s'il n'endure pas ce que j'endure ? Laissons-le vivre dans la peur." Le moment venu, je lui ferai comprendre que je ne demande pas qu'il soit arrêté mais qu'il vive à jamais avec ce qu'il a fait. Je veux qu'il y pense le reste de sa vie. C'est une sorte de torture psychologique. »

Edmond se considérait naguère comme rwandais — il s'identifiait à son peuple —, mais depuis le génocide il avait perdu cet ancrage. Désormais, pour se prouver qu'il était bien le gardien de son frère, il voulait imprimer au meurtrier de celui-ci la marque de Caïn. Je ne pouvais néanmoins m'empêcher de penser que Caïn avait magnifiquement prospéré après le meurtre de son frère puisqu'il avait fondé la première ville. Et, bien que nous n'aimions guère en parler, ne sommes-nous pas tous ses enfants ?

16

L'une des rares choses que les vandales du Pouvoir hutu épargnèrent au Rwanda avant de s'enfuir fut le système pénitentiaire : treize enceintes fortifiées de brique rouge, conçues pour abriter un total de douze mille personnes. Pendant le génocide, les détenus avaient été libérés pour qu'ils puissent participer aux tueries et ramasser les cadavres, mais les prisons ne restèrent pas longtemps vides. En avril 1995, un an après les massacres, au moins trente-trois mille hommes, femmes et enfants, accusés d'avoir participé au génocide, avaient été arrêtés. À la fin de l'année, leur nombre atteignait soixante mille. On agrandit certaines prisons et on en construisit de nouvelles, tandis que des centaines de petits dépôts locaux étaient bourrés à craquer, mais l'espace disponible restait toujours très insuffisant : à la fin de 1997, au moins cent vingt-cinq mille Hutu inculpés de crimes pendant le génocide étaient incarcérés dans les geôles rwandaises.

Si quelques soldats se tenaient généralement de faction autour des prisons, il n'y avait pas de gardiens à

l'intérieur. Détenus et soldats se sentaient ainsi plus en sécurité. En revanche, le gouvernement ne craignait pas d'autoriser les visiteurs étrangers à entrer dans les prisons, et l'on ne m'interdit jamais d'y apporter un appareil photo. Cela m'intriguait. Les prisons rwandaises n'avaient pas bonne presse. Elles passaient habituellement pour catastrophiques du point de vue des droits humains.

Bien que les détenus confinés dans une effroyable promiscuité fussent tous accusés de crimes abominables, ils étaient généralement calmes et disciplinés ; les bagarres étaient rares, assurait-on, et il n'y avait jamais de meurtres. Ils accueillaient les visiteurs aimablement, leur souriaient volontiers et offraient de leur serrer la main. Dans la centrale pour femmes de Kigali, trois cent quarante détenues étaient couchées à même le sol dans les quelques cellules et couloirs bondés, à peine vêtues tant la chaleur humide était étouffante. Il fallait faire très attention à ne pas marcher sur les bébés qui rampaient çà et là ; dans un coin deux religieuses, détenues elles aussi, disaient la messe. Dans la prison de Butare, des vieillards, debout dans la cour, essayaient de s'abriter de la pluie battante sous des bouts de plastique, tandis que de jeunes garçons, entassés dans une petite cellule, chantaient en chœur *Alouette*. À la prison de Kigali, dans le quartier des hommes, le capitaine des prisonniers et son adjoint, qui nous frayait un chemin en écartant les détenus avec une courte matraque, me montrèrent des groupes d'acrobates, des chorales, une troupe scoute, ou encore trois hommes qui lisaient *Tintin*. Le capi-

taine ne cessait d'annoncer : « Voici un journaliste des États-Unis », tandis que les prisonniers, assis par grappes à nos pieds, applaudissaient mécaniquement en nous saluant de la tête. Un parfait exemple, me dis-je, de la fameuse mentalité grégaire d'obéissance aveugle à l'autorité par laquelle on tentait souvent d'expliquer le génocide.

Les hiérarchies rwandaises habituelles s'étaient reconstituées derrière les murs de la prison : « intellectuels », fonctionnaires, membres des professions libérales, ecclésiastiques et commerçants s'étaient attribué les cellules les moins inconfortables, tandis que dans les cours la grande masse des paysans et ouvriers, emboîtés les uns dans les autres, étaient accroupis en plein air à même le sol, et à toute question en référaient à leurs chefs. Pourquoi supportaient-ils leur situation ? Pourquoi ne se révoltaient-ils pas ? Pourquoi les tentatives d'évasion étaient-elles si rares au Rwanda, alors que les prisons étaient si mal gardées ? L'enceinte de la centrale de Kigali ne résisterait pas longtemps à cinq mille prisonniers déchaînés qui, se répandant dans la capitale, précipiteraient le gouvernement qu'ils méprisaient dans une crise majeure, voire déclencheraient une insurrection générale si la population leur apportait son soutien. Personne ne pouvait entièrement expliquer la passivité des détenus ; l'hypothèse la plus vraisemblable était que, au lieu d'avoir été massacrés par le FPR comme ils s'y attendaient et recevant au contraire des visites régulières d'humanitaires, de reporters et de diplomates étrangers bienveillants, ils étaient simplement stupé-

faits d'être encore vivants et ne tenaient pas à courir de risques inutiles.

Entre deux visites de prisons, je passai voir le général Kagame dans son bureau du ministère de la Défense. Je me demandais pourquoi le gouvernement s'exposait aux critiques de la presse à propos de sa politique carcérale, et comment il interprétait le fait que les détenus acceptaient aussi calmement en apparence les conditions horribles de leur détention. Kagame répondit à ma question par une autre question : « S'il y a eu un million de morts dans ce pays, qui les a tués ?

— Des tas de gens.

— Oui. En avez-vous trouvé beaucoup qui avouent avoir participé aux massacres ? »

Personnellement non. Peu après le génocide, on rencontrait facilement, dans les prisons, les camps de réfugiés et même dans la rue, des Rwandais qui reconnaissaient avoir pris part aux tueries et même s'en vantaient. Mais lorsque j'arrivai au Rwanda, les criminels avaient compris qu'avouer était une erreur tactique. Dans les prisons et les camps de la frontière je ne trouvai personne qui voulût seulement admettre qu'il y avait eu un génocide. Une guerre civile et quelques massacres, sans doute, mais personne n'avait rien vu. Chacun des dizaines de détenus à qui je parlai prétendait avoir été arbitrairement et injustement arrêté, et naturellement, dans chaque cas individuel, c'était tout à fait possible. Mais de nombreux prisonniers me dirent aussi qu'ils étaient persuadés que leurs

« frères » des camps frontaliers de l'ONU allaient bientôt venir les libérer.

Kagame me déclara un jour qu'à son avis un million de Rwandais avaient participé directement ou indirectement au génocide. Son conseiller Claude Dusaidi, volontiers excessif, parlait, lui, de trois millions — un Hutu rwandais sur deux. Ces accusations — impossibles à prouver ou à réfuter — apparaissaient à nombre de Rwandais et d'observateurs étrangers comme des manœuvres d'intimidation, soigneusement calculées pour jeter un voile de suspicion sur tous les Hutu. Impression qui se renforça encore lorsqu'une initiative des Nations unies pour rendre hommage aux Hutu, comme Paul Rusesabagina, qui avaient protégé des Tutsi pendant le génocide, échoua devant l'opposition d'une partie du gouvernement rwandais. Dusaidi soulignait d'ailleurs que, si remplies à craquer qu'elles fussent, les prisons rwandaises étaient loin de contenir tous les coupables. « Parfois une personne pouvait tuer six victimes et parfois ils se mettaient à trois pour en tuer une. Prenez n'importe quel film du génocide et regardez comment ils tuent. Vous verrez toujours un groupe massacrer une personne. Il y a donc beaucoup plus de tueurs qui se promènent encore dans les rues que nous n'en avons en prison. Le nombre de prisonniers n'est qu'une miette. »

Que des coupables restent en liberté ne signifiait pas, naturellement, que tous les détenus soient coupables. Je demandai à Kagame s'il n'était pas gêné que nombre d'innocents puissent être en prison et

risquent ainsi de grossir le nombre des opposants. « Oui, c'est un problème. Mais c'était la meilleure manière de faire face à la situation. Si ces gens avaient subi des actes de vengeance, ç'aurait été un problème encore plus grave pour nous. Je préfère assumer la responsabilité de les avoir mis en prison, parce que c'est la meilleure manière de procéder en attendant que la justice se prononce, et simplement parce que je ne veux pas qu'ils soient dehors où ils risqueraient fort de se faire tuer. »

En juillet 1995, la Commission nationale de triage — organisme intermittent chargé d'identifier les prisonniers contre lesquels les accusations de génocide ne pouvaient être maintenues — ordonna la libération de Placide Koloni, détenu à la prison de Gitarama. Koloni occupait les fonctions de gouverneur adjoint avant, pendant et — jusqu'à son arrestation — après le génocide. Rien de plus normal : la majorité des responsables provinciaux et communaux qui n'avaient pas fui le Rwanda ou été incarcérés comme génocidaires avaient conservé leurs postes. Koloni avait passé cinq mois en prison, et il reprit ses fonctions immédiatement après son élargissement. Trois jours plus tard, pendant la nuit du 27 juillet, une sentinelle d'un poste d'observateurs maliens des Nations unies vit des hommes entrer chez Koloni. Il entendit un grand cri et la maison s'enflamma. Les casques bleus assistèrent sans intervenir à l'incendie et, peu après le lever du soleil, entrèrent dans la mai-

son pour y découvrir les cadavres de Koloni, de sa femme, de leurs deux filles et d'un domestique.

Une semaine après, le gouverneur adjoint de Gikongoro, au sud-ouest de Gitarama, et un prêtre catholique de Kamonyi, non loin de Kigali, étaient tués à coups de feu. Ces meurtres de hauts responsables ravivèrent la tension dans le pays. Puis, à la mi-août, une crise secoua le gouvernement lorsque le premier ministre, Faustin Twagiramungu, et son collègue de l'Intérieur, Seth Sendashonga, démissionnèrent pour protester contre l'insécurité persistant dans les provinces et dont ils tenaient l'APR pour responsable. Tous deux étaient hutu — Twagiramungu, l'un des chefs de l'opposition au Pouvoir hutu sous Habyarimana ; Sendashonga, un membre important du FPR — et tous deux partirent en exil.

Le général Kagame, qui ne se lassait jamais de citer le nombre de soldats de l'APR — « quatre cents, sept cents, j'ai perdu le compte après mille » — jetés dans les prisons militaires pour meurtre et indiscipline, aimait à souligner que les soldats n'étaient pas les seuls Rwandais frustrés dans leurs espoirs de justice après le génocide et que le pays comptait aussi des criminels apolitiques. « Mais vu la situation qui règne ici, les crimes ordinaires ne sont pas considérés comme tels. » Distinction qui n'offrait guère de réconfort aux Hutu terrorisés. « Quand nous voyons comment Koloni a été tué, nous préférons encore être ici que dehors », me dit un détenu de la prison de Gitarama, qui passait en 1995 pour la pire geôle du Rwanda.

Plus de six mille hommes s'y entassaient en effet

dans un espace conçu pour sept cent cinquante personnes — quatre détenus au mètre carré, si bien que nuit et jour les prisonniers devaient rester debout ou s'asseoir entre les jambes des hommes debout, et même pendant la saison sèche une épaisse couche de condensation, d'urine et de débris de nourriture tapissait le sol. Les détenus ainsi encaqués voyaient leurs pieds, leurs chevilles et parfois leurs jambes entières doubler ou tripler de volume, puis s'atrophier, pourrir et souvent s'infecter. Il avait fallu en amputer des centaines.

Lorsque le lieutenant-colonel R.V. Blanchette, observateur militaire canadien des Nations unies, eut vent de cette situation, il vint visiter la prison de Gitarama. « Je suis allé tout au fond avec ma lampe-torche, me dit-il, et j'ai vu le pied de ce type. J'avais entendu dire que c'était très moche là-dedans, mais c'était affreux. Il avait le pied très enflé et le petit orteil manquait. Quand j'ai braqué ma lampe sur son visage, il s'est baissé et a arraché l'orteil voisin. »

Quelques semaines après la visite de Blanchette, les prisonniers de Gitarama me dirent que les conditions s'étaient beaucoup améliorées. La Croix-Rouge, qui fournissait à toutes les prisons centrales rwandaises la nourriture et le combustible nécessaire à sa cuisson, avait posé des caillebotis sur le sol et évacué les cas les plus graves. « Nous avons eu quatre-vingt-six morts en juin, et seulement dix-huit en juillet », me précisa un médecin de l'infirmerie. Ces décès étaient principalement dus à la malaria et au sida, ce qui était normal au Rwanda ; et si, au milieu de 1996, les condi-

tions carcérales demeuraient mauvaises — atroces dans la plupart des dépôts locaux —, le taux de mortalité dans les centrales était inférieur à la moyenne nationale.

Le jour de ma visite à la prison de Gitarama, les six mille quatre cent vingt-quatre détenus formaient un bloc compact et je devais soigneusement calculer chacun de mes pas. Difficile de savoir à quel corps appartenaient tels membres ou pourquoi une tête semblait prolonger trois jambes sans torse intermédiaire. Nombre de pieds étaient affreusement enflés. Les corps étaient vêtus de haillons.

Pourtant, loin de refléter le tourment des corps, les visages exprimaient une clarté, un calme et une simplicité qui les rendaient presque impossibles à distinguer des Rwandais de la rue. Çà et là, naturellement, j'apercevais la lueur électrique d'yeux fous ou un regard d'une brutalité déplaisante. Mais, me frayant un chemin à travers la foule, j'étais partout accueilli par les chaleureux sourires, acclamations et poignées de main habituels. Dans la cellule des enfants, soixante-trois garçons, de sept à seize ans, étaient assis en rangées sur le sol, face à un tableau noir devant lequel un détenu plus âgé — instituteur de son métier — leur donnait un cours. Ils ressemblaient à n'importe quels autres écoliers. Je demandai à l'un d'eux pourquoi il était en prison. « Ils disent que j'ai tué, répondit-il. Ce n'est pas vrai. » D'autres enfants me firent la même réponse, évasifs, les yeux baissés, aussi peu convaincants que n'importe quels autres écoliers.

Les procédures normales d'arrestation étaient rarement respectées, et cela permettait parfois à certains de crier au génocide. Mais, soulignait Luc Côté, avocat de Montréal qui dirigeait le bureau des droits de l'homme de l'ONU à Butare, « la plupart des arrestations reposaient sur des indices solides, et souvent très très nombreux », voulant dire que si elles étaient peut-être techniquement incorrectes elles n'étaient pas nécessairement arbitraires. Et même si les procédures avaient été suivies à la lettre, cela n'aurait sans doute pas changé grand-chose, puisque les tribunaux rwandais étaient fermés et que pendant plus de deux ans et demi personne ne fut jugé.

Le gouvernement attribuait la paralysie judiciaire au manque de ressources financières et humaines. S'il ne cessait de recruter et de former des inspecteurs de police, pour qu'ils constituent les dossiers d'accusation, c'étaient néanmoins pour la plupart des amateurs qui devaient élucider des centaines d'affaires compliquées, sans moyens de transport, sans collaborateurs, et très souvent sous la menace à la fois des accusateurs et des accusés. Le Rwanda avait beau supplier les donateurs étrangers de lui expédier bicyclettes, motocyclettes, crayons et stylos, ces objets de première nécessité arrivaient beaucoup moins vite et moins nombreux que les protestations d'« inquiétude » devant le respect insuffisant des droits des accusés.

Personne au Rwanda n'envisageait sérieusement d'organiser des dizaines de milliers de procès pour meurtre. Les experts juridiques occidentaux disaient

volontiers que, tout pléthorique qu'il était, même le système judiciaire américain n'aurait pu venir à bout rapidement et équitablement de la masse d'affaires à régler. « Il est matériellement impossible de juger tous ceux qui ont participé aux massacres, et politiquement ce n'est pas bon, même si c'est juste, me dit Tito Ruteremara du FPR. Ce fut un vrai génocide et la seule réponse correcte serait une vraie justice. Mais le Rwanda a la peine de mort et, eh bien, cela impliquerait de tuer encore beaucoup de monde. »

Autrement dit, un vrai génocide et une vraie justice sont incompatibles. Les nouveaux dirigeants du Rwanda essayaient de résoudre ce dilemme en définissant le génocide comme un crime commis par des organisateurs conscients et des exécutants serviles, des esprits et des corps. Nul ne pouvait se prétendre innocent, mais si le crime était politique et que la justice dût servir le bien politique général, il fallait que le châtiment distinguât entre les esprits criminels et les corps criminels. « Pour ceux qui ont organisé le génocide, la situation est claire, me dit le général Kagame. Ils doivent répondre directement de leur crime devant la justice. Les paysans ordinaires qui ont pris des machettes pour débiter les gens comme des animaux ne me préoccupent pas autant. » Et Kagame d'expliquer que « jadis » au Rwanda la justice villageoise préférait infliger des amendes : « Le type qui a commis le crime peut donner du sel ou autre chose, et cela permettra de réunifier le peuple. »

Du sel en compensation d'un massacre généralisé organisé par l'État ? La justice villageoise, telle que

Kagame l'avait esquissée, paraissait désespérément inadaptée. Mais, soulignait l'avocat François-Xavier Nkurunziza, « quand on parle de justice avec nos paysans, la grande idée est la compensation. Un éleveur ou un cultivateur qui perd toute sa famille perd son système de soutien économique tout entier. Si on tue celui qui a commis le génocide, ce n'est pas une compensation, mais davantage de peur et de colère. Ainsi pensent nos paysans ». Le problème, comme le suggérait Kagame en parlant de sel, c'était qu'après un génocide la compensation ne pouvait être, au mieux, que symbolique.

Le gouvernement envisagea d'alléger la tâche des tribunaux en définissant des degrés de criminalité chez les génocidaires, et en infligeant aux moindres criminels des tâches d'intérêt public ou des programmes de rééducation. Politiquement, le FPR se souciait plus de ce que, dans l'Allemagne de l'après-guerre, on appelait la « dénazification » que de faire payer chaque individu ayant commis un crime pendant le génocide. « En fait, nous essayons de trouver comment tirer d'affaire autant de gens ordinaires que possible, expliquait Gerald Gahima, responsable politique du FPR devenu secrétaire d'État à la Justice. Mais ce n'est pas de la justice. Ce n'est pas la justice que prévoit la loi. Ce n'est pas la justice que la plupart des gens voudraient. C'est seulement la meilleure justice que nous puissions essayer d'obtenir dans ces circonstances. »

Mais si les coupables ne pourraient jamais être entièrement punis et les survivants jamais convena-

blement indemnisés, le FPR estimait le pardon tout aussi impossible — à moins que, au minimum, les auteurs du génocide ne reconnaissent leurs torts. Le temps passant, la demande de justice se transforma, largement, en demande de repentir. Alors que ministres et parlementaires prêchaient naguère les vertus civiques de l'extermination de ses voisins, les membres du nouveau gouvernement sillonnaient maintenant le pays pour répandre l'évangile de la réconciliation par l'aveu de sa responsabilité.

Les cérémonies au cours desquelles les victimes du génocide étaient exhumées puis ensevelies à nouveau offraient une tribune privilégiée au nouveau message. J'assistai à l'un de ces enterrements pendant l'été de 1995, dans la province de Gisenyi, au sommet d'une colline parmi les plantations de thé luxuriantes et embrumées. Dans ce lieu étonnamment paisible, on dépouilla le tapis d'herbe tendre pour faire apparaître un charnier. On en retira les corps brisés et on les étendit sur un long présentoir. Convoqués par les chefs de leurs villages, les paysans des alentours étaient venus assister à la scène, et sentir l'odeur de la mort, tandis que le président Bizimungu arrivait avec une demi-douzaine de ministres et de nombreuses autres personnalités. Des soldats distribuèrent des gants en plastique transparent aux villageois et leur firent ranger les débris de cadavres dans des cercueils et emballer le reste dans de grandes feuilles de plastique vert. Puis il y eut des discours et des bénédictions. Un soldat m'expliqua que, dans son allocution, le président avait demandé aux paysans où ils se trou-

cérémonie des victimes

vaient lorsque ces morts avaient été tués dans leurs villages, puis il les avait exhortés au repentir. Après quoi les morts furent placés dans de nouvelles fosses communes et recouverts à nouveau de terre.

Lorsqu'ils parlaient de reconstruction et de réconciliation, les Rwandais songeaient à la nécessité de s'affranchir des « anciennes mentalités » du colonialisme et de la dictature, ainsi que de l'inexorable hiérarchie sociale fondée sur l'intimidation et l'obéissance qui avait permis le parfait déroulement du génocide. Impunité, copinage, ethnicité, féodalisme, hamitisme : tels étaient les moteurs des anciennes mentalités, mais celles-ci étaient implantées au plus profond de chaque Rwandais, dans les habitudes de toute une vie et dans l'attente de la brutalité : eux ou nous ; tuer ou être tué. Après m'avoir dit qu'on pouvait rendre les gens mauvais et qu'on pouvait leur apprendre à être bons, Kagame avait ajouté : « Il existe des mécanismes dans la société — l'éducation, une forme de participation. On peut faire quelque chose. » Ils étaient nombreux à partager cette opinion, avec des degrés divers de certitude et de scepticisme, non seulement au sein du FPR, mais parmi les dirigeants de l'opposition hutue à Habyarimana qui avaient survécu, et — à certains moments privilégiés, du moins — dans la population rwandaise.

~~Mais à quel modèle~~ pouvait se référer le Rwanda ? À Nuremberg, c'étaient les conquérants étrangers qui avaient imposé leur justice, et la dénazification s'était accomplie en Allemagne dans un contexte où le

Nuremberg

groupe exposé au génocide ne vivait plus parmi les massacreurs. En Afrique du Sud, la lutte armée avait pris fin, et la commission « Vérité et Réconciliation » de l'après-apartheid pouvait supposer que les anciens maîtres blancs vaincus avaient accepté la légitimité de l'ordre nouveau. Une situation aussi nette n'existait pas au Rwanda. Les attaques des guérilleros du Pouvoir hutu ne cessèrent de se multiplier depuis le Zaïre en 1995, de même que les agressions contre les témoins et les survivants du génocide. « Actuellement, accorder une amnistie générale déclencherait le chaos, estimait Charles Murigande, président de la commission sur la responsabilité du génocide. Mais si nous pouvions mettre la main sur les principaux responsables, une amnistie serait très bien accueillie. »

C'était une condition bien difficile à remplir. De même que son assassinat avait fait d'Habyarimana un martyr du Pouvoir hutu, il avait aussi permis que les massacres prétendument engagés pour le venger ne soient jamais signés, jamais imputables à un Hitler, un Pol Pot, un Staline. La liste des Rwandais « les plus recherchés » regroupait un mélange hétéroclite de membres de l'*akazu*, d'officiers de l'armée, de journalistes, politiciens, hommes d'affaires, maires, fonctionnaires, ecclésiastiques, instituteurs, chauffeurs de taxi, commerçants et hommes de main — dont il était difficile de suivre les traces et impossible d'établir une hiérarchie précise des responsabilités. Certains auraient donné les ordres, clairement ou indirectement, que d'autres auraient transmis ou exécutés ;

mais le plan et sa mise en œuvre avaient été ingénieusement conçus pour paraître non planifiés.

Les enquêteurs rwandais avaient néanmoins pu dresser une liste de quatre cents principaux génocidaires — instigateurs et exécutants de premier plan —, mais tous étaient en exil, hors d'atteinte des autorités rwandaises. Presque immédiatement après son entrée en fonctions en 1994, le nouveau gouvernement avait demandé aux Nations unies de l'aider à appréhender les chefs en fuite du Pouvoir hutu, pour qu'ils puissent être jugés devant la nation. L'ONU préféra créer le Tribunal pénal international pour le Rwanda (TPIR), qui était essentiellement une sorte de copie de celui constitué pour la répugnante guerre des Balkans du début des années quatre-vingt-dix. « Nous avons demandé qu'on nous aide à capturer ces gens qui s'étaient enfuis pour que nous les jugions correctement devant nos propres tribunaux, me dit un diplomate rwandais, mais le Conseil de sécurité s'est contenté d'écrire partout "Rwanda" sous le nom de la "Yougoslavie". »

Le gouvernement rwandais considéra comme une insulte la décision de l'ONU de se charger elle-même de l'affaire. L'existence même de la cour de l'ONU impliquait que les tribunaux rwandais étaient incapables de verdicts justes, et semblait proclamer *a priori* que tout procès organisé par le Rwanda ne répondrait pas aux critères internationaux. « Si la communauté internationale veut réellement lutter contre l'impunité au Rwanda, elle doit aider le Rwanda à punir ces gens, me déclara le général Gahima au ministère de la Jus-

tice. Pardonner aux gens ordinaires devient plus difficile si nous ne pouvons juger ici les responsables dans des tribunaux rwandais, devant le peuple rwandais et selon la loi rwandaise. » Mais la cour des Nations unies n'envisagea même pas de siéger au Rwanda, où se trouvaient les témoins et le public concerné, et préféra s'installer en « territoire neutre », à Arusha en Tanzanie. « Le tribunal, estima Charles Murigande, a été créé principalement pour apaiser la conscience de la communauté internationale, qui a été incapable de respecter ses conventions sur le génocide. Elle veut simplement donner l'impression qu'elle fait quelque chose, ce qui est souvent pire que de ne rien faire du tout. »

De fait, les deux premières années qui suivirent sa création, le TPIR ne fit pas grand-chose. Non content de manquer de personnel et d'être systématiquement administré en dépit du bon sens, il adopta une stratégie d'accusation incohérente et opportuniste. La plupart de ses inculpations suivirent l'arrestation par hasard, pour infraction aux lois sur l'immigration, de fugitifs rwandais dans divers pays africains, et, dans certains cas importants, comme celui du colonel Bagazora, appréhendé au Cameroun, les Nations unies s'opposèrent à la demande d'extradition rwandaise pour imposer la leur. Le TPIR finit ainsi par détenir en prison un impressionnant échantillon de responsables du Pouvoir hutu, mais il devint vite manifeste qu'il n'avait pas l'intention de juger plus de quelques douzaines de cas. Cela ne fit qu'aggraver le sentiment à Kigali que le tribunal des Nations unies ne se sou-

ciait pas de l'intérêt national rwandais : puisque la communauté internationale ne voulait pas aider le Rwanda à les appréhender ni n'entendait les poursuivre elle-même, l'immense majorité des génocidaires en fuite ne pouvait qu'en déduire qu'ils n'avaient rien à craindre. « C'est une farce, me dit Claude Dusaidi, le conseiller de Kagame. Ce tribunal fait maintenant office de frein. »

Les génocidaires les plus recherchés se trouvaient en majorité au Zaïre et au Kenya, pays dont les présidents notoirement corrompus, Mobutu Sese Seko et Daniel Arap Moi, avaient été des intimes d'Habyarimana et hébergeaient désormais sa veuve dans leurs palais. Mobutu, qui appelait Habyarimana son « petit frère », avait recueilli sa dépouille, emportée au Zaïre pendant la fuite générale vers Goma, et l'avait inhumée dans un mausolée érigé dans son principal domaine. Quand je demandai à Honoré Rakotomanana, Malgache qui dirigeait les poursuites judiciaires au sein du TPIR, comment il comptait inculper quiconque au Zaïre ou au Kenya, il me répondit : « Il y a des traités internationaux dont ces pays sont signataires. » Mais en près de deux ans, avant d'être limogé en 1997, Rakotomanana ne prit jamais la peine d'envoyer un seul enquêteur au Zaïre. Entre-temps, en octobre 1995, le président Moi avait traité le TPIR de « dispositif incohérent » et déclaré : « Je ne permettrai à aucun de ses membres d'entrer au Kenya pour signifier une assignation et rechercher des gens ici. Pas question. Si l'un de ces personnages vient ici, il sera

arrêté. Nous devons avoir le respect de nous-mêmes. Nous ne nous laisserons pas harceler. »

Le réseau des hommes forts de l'Afrique protégeant ainsi ses petits copains, Kagame ne cacha pas qu'il éprouvait un « sentiment de trahison, même de la part de nos frères africains ». Et d'ajouter, menaçant : « Nous leur rappellerons que ce qui est arrivé ici peut arriver ailleurs — cela peut se passer dans ces autres pays — et je suis sûr qu'alors ils se précipiteront vers nous. Ça peut arriver demain. Il s'est produit des choses qui peuvent se produire de nouveau. »

Même lorsque des responsables du génocide étaient finalement remis au TPIR, il n'en restait pas moins que l'ONU avait interdit à la cour de prononcer la peine de mort. À la fin de la Seconde Guerre mondiale, les nazis à Nuremberg et les criminels de guerre japonais à Tokyo avaient risqué la peine de mort. Les crimes contre l'humanité commis au Rwanda étaient-ils moins graves que ceux qui avaient amené l'adoption de la convention sur le génocide ? Selon Kagame, lorsque le Rwanda protesta que le TPIR devait envisager la peine de mort par respect pour la législation rwandaise, l'ONU lui recommanda d'abolir *sa* peine de mort, conseil que Kagame ne laissa pas de juger « cynique ».

« Le peuple rwandais sait, me dit Gerald Gahima, que c'est la même communauté internationale qui l'a regardé se faire massacrer sans intervenir. » Rappelant que les Rwandais condamnés par le tribunal devaient purger leur peine en Scandinavie, son collègue du FPR Tito Ruteremara me déclara, quant à lui : « Ima-

giner les auteurs du génocide rwandais installés dans une prison modèle suédoise avec la télévision ne correspond pas à notre définition de la justice. »

Il était pourtant en dessous de la réalité : trouvant les croissants qu'on leur servait habituellement au petit déjeuner un peu bourratifs, les responsables du Pouvoir hutu qui se retrouvèrent en prison à Arusha finirent par organiser une manifestation pour exiger un petit déjeuner rwandais normal, à base de gruau.

17

« Dans votre pays, me dit le colonel de l'APR, vous avez, je crois, beaucoup de comédiens. » C'était la nuit, fraîche et bruineuse, sur les hauts plateaux du centre du Rwanda. Assis dans sa véranda, nous buvions de la bière et du whiskey, en mangeant des pommes de terre à l'eau et des brochettes de cabri. Le colonel retira avec les dents un morceau de viande grillée de la brochette, le mâcha quelques instants, puis ajouta : « Si je ne m'abuse, nombre de ces comédiens sont noirs. Pourquoi cela, à votre avis ? »

C'était peut-être dû à l'adversité, proposai-je. Les gens qui doivent y faire face finissent parfois par adopter une certaine circonspection envers le monde tel qu'il fonctionne — son âpreté, ses absurdités —, et parfois, s'ils sont drôles, ils le ridiculisent.

« Ces Noirs sont vraiment drôles, dit le colonel.

— Ceux qui sont drôles, oui », acquiesçai-je.

Il lâcha un mot d'une syllabe en gloussant et les autres personnes présentes dans la véranda, ses camarades, rirent brièvement à leur tour. « Pas de comé-

pas de blagues Rwandais

diens au Rwanda, reprit ensuite le colonel. Plein de Noirs, plein d'adversité — pas de comédiens.

— Vous devez avoir des blagues.

— Elles ne sont pas vraiment drôles. »

Je lui demandai de m'en raconter une. « Une autre fois, dit-il, en me désignant du menton une femme dans l'assistance. Les blagues rwandaises ne sont pas convenables. »

J'étais déçu. Je ne comptais pas rencontrer de nouveau ce colonel, et le sujet en général m'intéressait. Pas simplement les blagues, mais l'art sous toutes ses formes. Dans les pays limitrophes, au Zaïre, en Tanzanie, en Ouganda, existaient de grandes traditions artistiques : les arts plastiques et la musique au premier chef, puis une littérature qui s'était développée après la période coloniale. Même le Burundi avait des ensembles de percussions célèbres dans le monde entier. Hormis quelques spectaculaires danses costumées, des chants traditionnels et une littérature orale composée de poèmes et de récits d'une forme archaïque, précoloniale, le Rwanda n'avait pas d'art qui pût rivaliser avec celui de ses voisins. Dans le Rwanda moderne, ce qui se rapprochait le plus d'une floraison culturelle, c'étaient l'agit-prop fasciste des journaux et des radios du Pouvoir hutu, et le chic voyou de l'apparat et des marches *interahamwe*. La musique nouvelle était pour l'essentiel d'importation, et si quelques Rwandais avaient écrit des romans, pratiquement personne ne les avait lus.

J'aurais aimé interroger le colonel sur la pauvreté de l'art rwandais, mais je ne voulais pas l'offenser. On

changea donc de sujet. Lorsque la femme s'en alla, le colonel dit : « O.K., je vais vous raconter une blague. » C'était l'histoire d'un petit Rwandais de la campagne, qui, après de bonnes études secondaires, obtient une bourse pour une université de Paris, d'où il revient tout transformé : vêtements à la mode, un vocabulaire grandiloquent, un accent pointu, jusqu'à une démarche nouvelle, « comme un petit cheval », dit le colonel. Un jour, le père du jeune homme, un vieux paysan très simple, lui tient ce langage : « Mon garçon, qu'est-ce qui t'arrive ? Tu es allé en France ? Et alors ? Regarde-moi. Je baise ta mère depuis quarante-cinq ans et je ne me balade pas dans la rue comme tu fais. » En disant cela, le colonel projeta les deux mains en avant en serrant les poings, tout en remuant le bassin d'avant en arrière avec véhémence, selon la mimique universelle.

Je ris. Mais les Rwandais présents, les camarades du colonel, se contentèrent de hocher gravement la tête. « Vous voyez, dit le colonel, ce n'est pas vraiment une blague drôle. C'est un jeu sur la logique. Les blagues rwandaises sont comme ça, un peu intellectuelles. Par exemple, un type se fait faire ce que nous appelons une coupe de cheveux à la française — rasé sur les côtés, plat sur le sommet du crâne — et ses amis lui disent : "Comment peux-tu te faire couper les cheveux à la française alors que tu ne parles même pas français ?" »

Cette fois-ci, les Rwandais rirent, tandis que je hochais la tête. « C'est une question de logique, répéta le colonel. C'est une astuce. Vous vous moquez du

type à la coupe de cheveux *et* vous vous moquez de ses amis — un aller et retour. »

Je trouvais, quant à moi, que les deux histoires avaient une logique, comme toutes les blagues, mais qu'elles avaient pour sujet le provincialisme et l'influence étrangère : les aspirations à l'image et aux blandices d'un univers étranger plus vaste contre l'insularité et le conformisme rwandais ; le fait d'être coincé entre un passé que l'on rejette, ou du moins auquel on veut échapper, et un avenir qu'on ne peut imaginer que sous la forme de styles d'importation, et que l'on refuse également de se voir imposer. C'étaient des blagues qui semblaient parfaitement correspondre à un pays subissant la décolonisation la plus catastrophique de toute l'Afrique. C'est ce que j'expliquai au colonel, en tâtonnant. « C'est peut-être pour ça que nous n'avons pas de comédiens, conclut-il avec accablement.

— Mais les blagues sont drôles, dis-je.

— Non, ce n'est pas drôle. Il va nous falloir très longtemps pour dépasser les anciennes mentalités. »

J'avais parfois l'impression qu'en guise de beaux-arts les Rwandais avaient la politique : l'art de la diplomatie, aux plus hauts échelons du gouvernement comme dans les négociations les plus triviales de la vie quotidienne. Qu'était, après tout, la lutte entre les chantres d'un « ordre nouveau » et les défenseurs des « anciennes mentalités », sinon un affrontement entre deux représentations fondamentalement opposées de la réalité rwandaise ? Après que les Rwandais eurent

vécu un siècle durant selon la mystification de la fable hamitique, qui, dans son ultime perversion, s'était résolue en génocide, le FPR et ses alliés hostiles au Pouvoir hutu présentaient leur lutte contre l'annihilation comme une révolte de réalistes. « L'honnêteté » était l'une de leurs expressions favorites, et ils proclamaient qu'un plus grand pouvoir devait reposer sur une plus grande vérité. Dans ces conditions, la meilleure chance du Pouvoir hutu était d'affirmer — en lançant son offensive simultanée habituelle de la parole et de l'action — que l'honnêteté et la vérité n'étaient elles-mêmes que des formes d'artifice, jamais la source du pouvoir mais toujours son produit, et que la seule mesure du bien contre le mal était la force physique, version abâtardie du gouvernement de la majorité.

Le problème ainsi posé, la guerre à propos du génocide était véritablement un conflit postmoderne : entre ceux qui croyaient que, dans la mesure où les réalités que nous habitons sont des constructions de notre imagination, elles sont toutes également vraies et fausses, valides et invalides, justes et injustes, et ceux qui estimaient que les constructions de la réalité peuvent — doivent, en fait — être jugées bonnes ou mauvaises. Si les débats académiques sur la possibilité d'une vérité ou d'un mensonge objectif sont souvent d'une abstraction frôlant l'absurdité, le Rwanda démontrait que c'était une question de vie ou de mort.

Pendant l'été de 1995, un homme chercha à me rencontrer à Kigali parce qu'il avait entendu dire que je m'intéressais aux problèmes de son pays. Les arcanes

de la politique rwandaise n'avaient pas de secrets pour lui : allié puis opposant au Pouvoir hutu, il faisait désormais partie du nouveau régime. Il me déclara qu'il voulait me parler des affaires de son pays avec une entière honnêteté, mais anonymement. « Si vous révélez mon nom, dit-il, je nierai tout. »

C'était un Hutu, que suivait partout un soldat armé d'un kalachnikov. « Écoutez, poursuivit-il, le Rwanda a eu une dictature, il a eu un génocide, et maintenant une très grave menace aux frontières. Il n'y a pas besoin d'être FPR pour comprendre ce que cela signifie. Il ne faut pas tomber dans le vieux mode de pensée — si l'on n'est pas avec ceux-ci, on est avec ceux-là. » Et de m'expliquer en long et en large qu'il était impossible de faire confiance aux Rwandais. « Les étrangers ne peuvent pas comprendre ce pays. Nous mentons. Nous vous répétons indéfiniment les mêmes petites choses, sans rien vous dire en réalité. Même entre Rwandais nous mentons. Nous avons l'habitude du secret et de la suspicion. Vous pouvez rester ici une année entière, et vous ne saurez toujours pas ce que pensent ou font les gens d'ici. »

Je lui répondis que cela ne m'étonnait qu'à demi, parce que j'avais l'impression que les Rwandais parlaient souvent deux langages — pas seulement kinyarwanda et français ou anglais, mais un langage entre eux, et un autre, entièrement différent, avec les étrangers. À titre d'illustration, je lui dis qu'un avocat rwandais m'avait décrit ses difficultés à intégrer sa formation européenne dans sa pratique rwandaise. Il adorait le système juridique napoléonien, cartésien,

dont s'est inspiré le Rwanda, mais celui-ci ne correspondait pas toujours à la réalité locale. De même, lorsque cet avocat me parlait du Rwanda, il tenait un discours très différent de celui qu'il adoptait avec ses compatriotes.

« Vous racontez ça et en même temps vous précisez "un avocat m'a dit ceci et cela". Un Rwandais ne vous dira jamais ce qu'un autre lui a confié, et normalement, si vous dites à un Rwandais ce qu'un autre vous a appris, son élocution change immédiatement et il se referme. Il craint en effet que ce qu'il vous a dit ne soit répété ensuite. Il se met sur ses gardes. » Il leva les yeux et m'étudia un moment. « Vous les Occidentaux, vous êtes si honnêtes, conclut-il avec commisération. Vous dites ce que vous pensez, et vous racontez ce que vous avez vu. Vous dites : "Un avocat m'a déclaré." Croyez-vous qu'il y ait beaucoup d'avocats ici ? »

Je lui répondis que j'en avais rencontré plusieurs, et que celui auquel je me référais m'avait dit que je pouvais le citer nommément. « Parfait. Mais moi je vous affirme que les Rwandais sont mesquins. » Je lui demandai de m'expliquer ce qu'il entendait exactement par mesquin, et il décrivit un personnage qui ressemblait beaucoup à Iago — homme de confiance, tricheur, traître et menteur, qui raconte à chacun ce qu'il croit que celui-ci souhaite entendre afin de jouer son propre jeu et d'obtenir ce qu'il veut. Le médecin colonel Joseph Karemera, un des officiers qui avaient fondé le FPR et l'actuel ministre rwandais de la Santé, me dit qu'il y avait un mot en kinyarwanda pour

exprimer ce comportement. Évoquant la « très mauvaise mentalité » héritée de trente-quatre ans de dictature ethnique hutue, il ajouta : « Nous l'appelons *ikinamucho* — faire quelque chose avec fourberie. Par exemple, vous venez pour me tuer — il porta la main à sa gorge — et vous réussissez votre mission, et ensuite vous vous lamentez. C'est *ikinamucho.* »

Mon interlocuteur aimait le mot mesquin. Il l'employait sans cesse. Je lui fis remarquer qu'il ne semblait pas tenir ses compatriotes en très haute estime. « J'essaie de vous parler d'eux sans mentir », répliqua-t-il.

Peu après notre entretien, j'appris qu'il avait quitté le Rwanda pour rejoindre les dirigeants du Pouvoir hutu en exil. J'appris aussi qu'*ikinamucho* signifie « théâtre ».

Sa dernière année à l'école de médecine, au début des années quatre-vingt, Odette Nyiramilimo avait eu pour professeur de pédiatrie le docteur Théodore Sindikubwabo. « J'étais enceinte jusqu'aux dents quand j'ai passé l'examen avec lui et il a vu que je souffrais. Il m'a emmenée ensuite boire un Fanta dans son bureau, puis il m'a raccompagnée chez moi en voiture. C'étaient des qualités très humaines, le comportement d'un vrai père. Et pourtant c'était un hypocrite. Sous la Première République, il était ministre de la Santé du président Kayibanda. Quand Habyarimana a pris le pouvoir et a commencé à jeter tous les ministres en prison, il s'est précipité à l'hôpital central de Kigali, s'est saisi d'un stéthoscope et s'est aussitôt mis à soigner les enfants. Par la suite il est devenu député. Il

aimait être important. Il venait du Sud, avait une grande maison à Butare, circonscription hostile au Pouvoir hutu, et occupait une position très importante dans le MRND — très très utile. Un vrai caméléon. Mais je n'aurais jamais cru qu'il puisse devenir un tueur. »

Trois jours après l'assassinat d'Habyarimana, Sindikubwabo était nommé président intérimaire du Rwanda par le comité de crise du colonel Bagasora. À l'époque, le Butare était la seule province ayant un gouverneur tutsi, et alors que les autres responsables administratifs et politiques poussaient leurs administrés au massacre, ce gouverneur, Jean-Baptiste Habyalimana, appelait au calme. Les douze premiers jours des tueries, le Butare fut quasiment un havre de paix, si bien que les Tutsi fuyant les massacres y affluèrent en masse. Puis, le 19 avril 1994, Théodore Sindikubwabo entama une visite dans la province. Il révoqua le gouverneur (qui fut assassiné par la suite) et organisa une grande manifestation, au cours de laquelle il lança un appel aux armes radiodiffusé dans tout le pays. Le lendemain de ce discours, des soldats de la Garde présidentielle étaient acheminés par avion dans le Butare, bientôt suivis par des cars et des camions chargés de miliciens et d'armes. Commencèrent alors certains des massacres les plus meurtriers de tout le génocide : en seulement deux ou trois semaines, au moins vingt mille Tutsi périrent dans la paroisse de Cyahinda et plus de trente-cinq mille dans celle de Karama.

Si son ancienne villa de Butare avait été réduite à un tas de pierres quand je voulus la visiter, Sindikub-

wabo, désormais président du gouvernement rwandais en exil, en habitait une nouvelle, tout aussi somptueuse, dans un quartier chic de Bukavu, au Zaïre. Située juste derrière la résidence du gouverneur, elle disposait d'une vue fabuleuse sur les collines du Rwanda, sur l'autre rive du lac Kivu. Deux Mercedes noires du gouvernement rwandais stationnaient dans l'allée lors de mon passage en mai 1995, et plusieurs jeunes Rwandais baguenaudaient auprès de la grille. Un homme affable en chemisette rouge m'accueillit et se présenta comme le chef du protocole de Sindikubwabo. La presse était toujours la bienvenue, me dit-il, parce que le Rwanda était terriblement incompris dans le monde : oui, le pays avait subi un génocide, mais exécuté par le FPR à l'encontre des Hutu. « Regardez-nous, en exil. Au moment même où nous parlons, Paul Kagame massacre tous les Hutu du Rwanda, systématiquement. » Puis il suggéra que Sindikubwabo était innocent et me demanda si je croyais à la présomption d'innocence. Je ne sache pas, lui répondis-je, que Sindikubwabo ait été inculpé d'aucun crime par aucun tribunal. Tous les réfugiés rwandais, poursuivit-il, attendaient le jugement du tribunal international. « Mais quel est ce tribunal ? demanda-t-il. Qui l'influence ? Qui sert-il ? S'intéresse-t-il à la vérité ou seulement à fuir la réalité ? »

Le chef du protocole me demanda d'attendre, et quelques instants plus tard André Nkurunziza, l'attaché de presse de Sindikubwabo, vint le remplacer. L'allure quelque peu déliquescente, Nkurunziza avait les dents brisées, une vieille veste et parlait d'une voix

outragée, plaintive. « Ce gouvernement est victime d'un complot médiatique qui le qualifie de génocide. Mais ces gens n'ont tué personne. On les traite de planificateurs, mais ce ne sont que des rumeurs lancées par Kigali. Même vous, quand vous allez à Kigali, il se peut parfaitement qu'ils vous paient pour écrire ce qu'ils veulent. Il me toucha le bras d'une main apaisante. Je ne dis pas qu'ils vous ont payé. C'est juste un exemple. »

Nkurunziza me raconta qu'il était allé à Washington en 1991. « Ils ne savaient pas qu'il y avait une guerre au Rwanda. Ils ignoraient tout du Rwanda. Je leur ai dit : "C'est un petit pays à côté du Zaïre. — Où est le Zaïre ?" m'ont-ils demandé. Alors comment peuvent-ils prétendre savoir ce qui s'est passé dans mon pays l'année dernière ? »

Nous nous trouvions au Zaïre, les yeux tournés vers le Rwanda. « Que s'est-il passé l'année dernière ? lui demandai-je.

— C'est un long conflit. Et il y aura une nouvelle guerre. C'est ce que nous croyons ici. Il y aura une nouvelle guerre. »

On me conduisit finalement auprès de Sindikubwabo. Âgé de quelque soixante-cinq ans, un vieillard pour le Rwanda, il était assis dans un fauteuil bas au milieu de son salon modestement meublé. On le disait malade et il semblait l'être : décharné, des yeux pâles voilés par la cataracte, un visage étonnamment osseux, asymétrique, fendu d'une large balafre — séquelle d'un accident de moto dans sa jeunesse — qui lui relevait diagonalement la bouche en un rictus

méprisant. Il était prêt, me dit-il, à engager avec le FPR, aux termes des accords d'Arusha, « un dialogue franc et sincère sur la gestion du Rwanda ». Quand je lui demandai pourquoi quiconque négocierait avec celui qui passait pour l'instigateur des massacres du Butare, Sindikubwabo éclata d'un rire rauque et grinçant qui se prolongea jusqu'à ce qu'il perdît le souffle.

« Le moment n'est pas encore venu de dire qui est coupable et qui ne l'est pas. Le FPR peut porter des accusations contre qui il veut et comme bon lui semble — en remodelant, recousant et remontant les témoignages. Rien de plus facile. Vous êtes journaliste et vous ne savez pas comment ça se fabrique ? » Son visage se tordit autour de sa cicatrice. « C'est une sorte de comédie qu'ils sont en train de jouer à Kigali, et tout ça sera démasqué devant le tribunal. Je viens de Butare et je sais ce que j'ai dit à Butare, et les gens de Butare savent aussi ce que j'ai dit. »

Il refusa néanmoins de me le répéter. Et même si je trouvais une bande du discours, il faudrait que je la lui apporte pour qu'il me l'interprète — « chaque mot, ce qu'il signifie, chaque phrase, ce qu'elle signifie — parce que interpréter les idées et les pensées des autres, ce n'est pas facile, ni honnête ». « Il n'y avait rien à interpréter, me dit Odette quand je lui rapportai ses propos. Il disait des choses comme : "Éliminez ceux qui croient tout savoir. Débrouillez-vous sans eux." Entendre ça m'avait fait frémir. »

Le discours de Sindikubwabo était l'un des moments du génocide dont les Rwandais se souvenaient le mieux : lorsque les massacres avaient com-

mencé au Butare, tout le monde avait compris qu'aucun Tutsi ne devait être épargné dans le pays. Il prétendait pourtant qu'on avait mal interprété ses paroles : « Si les maires du Butare affirment que les massacres ont commencé sur mon ordre, ce sont eux les responsables, parce qu'ils devaient maintenir l'ordre dans leurs communes. S'ils ont interprété mon message comme un ordre, ils ont agi contre mes instructions. » Je lui demandai pourquoi il ne les avait pas désavoués, puisque, non content d'être médecin, il était président de la République au moment où des centaines de milliers de personnes se faisaient tuer dans son pays. Si l'occasion s'en présentait, dit-il, il répondrait à cette question devant le tribunal international.

À entendre Sindikubwabo présenter cette répétition de la défense par obscurcissement qu'il préparait pour le tribunal, j'avais l'impression qu'il aspirait presque à être inculpé, voire appréhendé, pour se pavaner une dernière fois sous les projecteurs. Mais peut-être savait-il qu'au Zaïre il était hors de portée du TPIR. Il soutenait en tout cas qu'une enquête « véritablement impartiale » ne pouvait que le disculper. Et, à titre d'exemple, il me tendit ce qu'il considérait comme une version définitive de l'histoire récente du Rwanda, un article découpé dans l'*Executive Intelligence Review* de Lyndon LaRouche, théoricien américain cryptofasciste des complots. Je le parcourus rapidement : à l'en croire, c'était la famille royale britannique, par l'entremise de ses marionnettes ougandaises et en collusion avec diverses autres organisations téné-

breuses, dont le World Wildlife Fund for Nature, qui avait manigancé l'extermination de la majorité hutue du Rwanda.

Un portrait du président Habyarimana trônait derrière le fauteuil de Sindikubwabo. Le dirigeant mort, sanglé dans un uniforme de l'armée copieusement soutaché, paraissait beaucoup plus heureux que son successeur en exil, et il me semblait que, tout mort qu'il était, il avait effectivement la situation la plus avantageuse. Auprès de son peuple, Habyarimana était toujours le véritable président — c'était ce que m'avaient déclaré de nombreux Rwandais des camps frontaliers —, tandis que Sindikubwabo passait pour un fantoche qui n'avait occupé ce poste que pendant un bref instant malheureux. « Il n'est président de rien », me dirent plusieurs réfugiés. Ses ennemis, les dirigeants du FPR et les survivants du génocide, le considéraient également comme un pantin, recruté parmi les échelons inférieurs du Pouvoir hutu dans un moment de crise précisément parce qu'il était prêt à jouer les marionnettes. Au cours d'une cérémonie de réinhumation générale dans la province de Butare, son propre gendre, ministre de l'Agriculture dans le nouveau gouvernement, l'avait traité d'assassin, et avait exhorté les Rwandais à ne pas exciper de liens familiaux pour incriminer les gens ou protéger les coupables.

Pourtant, quelque discrédité qu'il fût, Sindikubwabo servait encore au Pouvoir hutu — de bouc émissaire. Peu à peu, les chefs des ex-FAR, qui avaient

établi leur quartier général à l'extrémité septentrionale du lac Kivu, à une quinzaine de kilomètres à l'ouest de Goma, avaient pris leurs distances envers le gouvernement en exil pour créer une série de nouvelles formations politiques dont les cadres ne s'étaient pas distingués pendant le génocide et pouvaient passer pour « propres » aux yeux du monde. Au premier rang de ces organisations, le Rassemblement démocratique pour le Retour (RDR), qui attribuait la crise des réfugiés au FPR et réclamait une amnistie générale comme préalable à tout rapatriement, trouvait un accueil très favorable chez les humanitaires et les journalistes. Les délégués locaux du Haut-Commissariat des Nations unies pour les réfugiés (HCR) se faisaient un devoir de me présenter aux responsables du RDR lorsque je visitais les camps. Je n'arrivais pas à le comprendre. Ces gens avaient beau tenir exactement le même discours que Sindikubwabo, les humanitaires qui les recommandaient semblaient sincèrement les considérer comme les mandataires raisonnables et légitimes des exclus. De même, la BBC présentait fréquemment les porte-parole du RDR au Zaïre, au Kenya et à Bruxelles comme les « principaux représentants des réfugiés ». L'éventualité que le RDR pût être lié aux génocidaires — qu'il était, en réalité, une émanation du Pouvoir hutu mise en place par le commandement des ex-FAR à Goma ; que les agents du RDR géraient les camps et extorquaient des tributs mensuels, en espèces ou en rations alimentaires, à chaque famille réfugiée au Zaïre — n'était même presque jamais envisagée.

Que la charité internationale se mît sans cesse au service des mensonges du Pouvoir hutu était l'un des grands mystères de la guerre autour du génocide. Il était déjà stupéfiant que les camps de l'ONU aient l'autorisation de former un État génocide croupion, avec une armée qui recevait régulièrement d'importantes livraisons d'armes et recrutait par milliers des jeunes gens pour la prochaine campagne d'extermination. Et il était désolant que la vaste majorité du million et demi d'occupants de ces camps, qui ne risquaient absolument pas d'être jetés en prison et encore moins tués au Rwanda, servent en fait, par la propagande et la force brute, d'otages et de boucliers humains au Pouvoir hutu. Mais ce qui rendait ces camps presque insupportables à visiter, c'était le spectacle de ces centaines de travailleurs humanitaires internationaux, ouvertement exploités comme pourvoyeurs de ce qui était probablement la plus vaste communauté en exil de criminels contre l'humanité jamais réunie dans l'histoire.

Les organisations d'aide procuraient moyens de transport, lieux de rassemblement et fournitures de bureau au RDR et aux groupes paramilitaires qui jouaient les bénévoles de la collectivité ; elles remplissaient les trésors de guerre des dirigeants du Pouvoir hutu en leur louant camions et autocars et en embauchant comme employés les candidats parrainés par les génocidaires. Certains humanitaires engagèrent même pour une de leurs fêtes le chanteur vedette du Pouvoir hutu — l'auteur de l'hymne *interahamwe* « Je hais ces Hutu » — et son orchestre. Dans un camp

de la frontière tanzanienne, je rencontrai un groupe de médecins, récemment arrivés d'Europe, qui me dirent à quel point ils appréciaient la compagnie des réfugiés. « On peut voir à leurs yeux lesquels sont innocents », m'expliqua l'une d'elles, originaire de — ça ne s'invente pas — Sarajevo. Et l'un de ses collègues d'ajouter : « Ils ont voulu nous montrer une cassette vidéo du Rwanda en 1994, mais nous avons décidé que ce serait trop dérangeant. »

Lorsque l'épidémie de choléra eut été vaincue à Goma, les camps cessèrent de représenter une solution à la crise des réfugiés pour devenir un moyen de l'entretenir. En effet, plus ils se perpétuaient, plus la guerre devenait inévitable, et, par conséquent, loin de protéger les gens, les camps les plaçaient en fait au cœur du danger.

Tout au long de 1995 et de 1996, les forces du Pouvoir hutu en exil poursuivirent leur guérilla contre le Rwanda. Des commandos installés dans les camps franchissaient clandestinement la frontière pour miner une route, faire sauter un pylône électrique ou attaquer des rescapés et des témoins du génocide. Parallèlement, les ex-FAR et les *interahamwe* des camps de Goma sillonnaient la province voisine du Nord-Kivu, où vivait une importante population d'origine rwandaise, pour recruter, entraîner et armer les Hutu zaïrois afin que, par solidarité ethnique, ils se joignent à leur combat de part et d'autre de la frontière zaïro-rwandaise. En guise de travaux pratiques, ces nouvelles troupes ne tardèrent pas à attaquer les pasteurs

tutsi et à piller leur bétail dans les riches alpages de la région de Masisi dans le Nord-Kivu. À l'été de 1995, le Masisi était devenu une zone de combat, des milices tribales zaïroises s'étant constituées pour résister aux agresseurs. « C'est une conséquence directe des camps, me dit un responsable de la sécurité au quartier général du HCR à Goma. Et nous ne pouvons que regarder faire. »

Ces aveux d'impuissance n'avaient rien d'inhabituel chez les humanitaires travaillant dans les camps. Le Belge Jacques Franquin, du HCR, ancien directeur de théâtre qui supervisait les camps accueillant plus de quatre cent mille Hutu rwandais en Tanzanie, me dit qu'il connaissait un certain nombre de génocidaires parmi ces derniers. « Mais ne me demandez pas de faire le tri. Ne me demandez pas d'expulser les criminels des camps pour mettre les travailleurs humanitaires en danger. » Autrement dit — et j'entendis répéter cela à maintes reprises —, tant que les grandes puissances siégeant au Conseil de sécurité et finançant l'essentiel de l'aide humanitaire n'avaient pas la volonté d'agir contre le Pouvoir hutu, on ne pouvait reprocher les conséquences de la situation aux ONG.

« Nourriture, abris, eau, santé, installations sanitaires — nous fournissons une bonne assistance, me dit le directeur d'une ONG de Goma. C'est ce que veut la communauté internationale et c'est ce que nous lui donnons. » Mais si les errements de l'intervention internationale ne provenaient pas de l'industrie humanitaire, ils s'y ancrèrent rapidement. À supposer que ne pas prendre parti soit une position

désirable, il est impossible d'agir dans ou sur une situation politique sans conséquences politiques.

« La mentalité humanitaire est de ne pas penser mais d'agir, disait ainsi un membre français du HCR dans les camps de réfugiés rwandais du Burundi. Nous sommes pareils à des robots, programmés pour sauver des vies. Mais quand les contrats s'achèveront ou si ça devient trop dangereux, nous partirons, et peut-être que les gens que nous avons sauvés se feront tuer après tout. » Les humanitaires n'aiment pas qu'on les traite de mercenaires, mais « ne pas penser, agir seulement », selon la formule de l'employé du HCR, est une attitude de mercenaire. Comme me le dit un délégué suisse du Comité international de la Croix-Rouge : « Lorsque l'aide humanitaire devient un écran de fumée pour dissimuler les conséquences politiques qu'elle crée effectivement, et que les États se cachent derrière elle, en se servant d'elle comme d'un instrument de leur politique, on peut nous considérer comme des acteurs du conflit. »

Selon son mandat, le HCR apporte son assistance exclusivement aux réfugiés — personnes déplacées, ayant traversé une frontière internationale et pouvant prouver qu'elles risquent d'être persécutées dans leur pays d'origine —, et les criminels en fuite cherchant à éviter des poursuites judiciaires sont explicitement exclus de sa protection. Le mandat exige aussi que les bénéficiaires de l'aide du HCR puissent démontrer leurs droits au statut de réfugié. Or personne n'essaya jamais de trier les Rwandais des camps selon ces cri-

tères ; c'était considéré comme beaucoup trop dangereux. Autrement dit, nous — tous les contribuables des pays subventionnant le HCR — nourrissions des gens dont on craignait qu'ils ne nous molestent (nous ou nos agents) si nous mettions en doute leur droit à bénéficier de notre charité.

Personne ne sait exactement combien de personnes résidaient dans les camps du Zaïre, parce qu'on n'avait jamais entrepris aucun recensement sérieux, et que les tentatives partielles étaient systématiquement, parfois violemment, sabotées par les génocidaires, qui avaient un intérêt politique à voir les chiffres considérablement exagérés, et profitaient en outre des rations supplémentaires. La natalité dans les camps frôlait les limites des capacités humaines ; engendrer un maximum de Hutu correspondait à la stratégie du Pouvoir hutu, et féconder, fût-ce par la coercition, toute femme en âge de se reproduire passait pour un acte de civisme ethnique chez les *interahamwe* des camps. Parallèlement, environ un demi-million de réfugiés au Zaïre étaient parvenus à regagner le Rwanda de leur propre initiative pendant la première année après le génocide. Depuis lors, le HCR prétendait que la population des camps s'était stabilisée à environ un million deux cent cinquante mille Rwandais, bien que plusieurs employés du HCR m'aient avoué que ces estimations étaient d'au moins vingt pour cent trop élevées.

Seule statistique certaine, les camps zaïrois coûtaient à leurs donateurs au moins un million de dollars par jour. Un dollar par personne et par jour peut paraître peu de chose, surtout si l'on considère qu'au

moins soixante-dix pour cent de cet argent retournaient aussitôt dans les poches des équipes humanitaires et de leurs prestataires, sous la forme de frais généraux, équipements, fournitures, logement du personnel, salaires, indemnités et autres dépenses diverses. Mais même si seulement vingt-cinq cents étaient dépensés quotidiennement pour chaque réfugié, c'était presque deux fois le revenu par tête de la plupart des Rwandais. La Banque mondiale estimait que depuis le génocide le Rwanda était devenu le pays le plus pauvre du monde, avec un revenu moyen par tête de quatre-vingts dollars par an. Comme des milliers de Rwandais gagnaient des milliers de dollars par an, au moins quatre-vingt-quinze pour cent de la population devait se contenter d'une soixantaine de dollars, soit seize cents par jour.

Dans ces circonstances, vivre dans un camp de réfugiés n'était pas économiquement une mauvaise affaire pour un Rwandais, surtout s'il était client du Pouvoir hutu. La nourriture n'était pas seulement gratuite mais abondante : on souffrait beaucoup moins de malnutrition dans les camps que dans le reste de la région — pas plus, en fait, qu'en Europe occidentale. Les soins médicaux étaient très bons pour l'Afrique centrale : les Zaïrois de Goma parlaient avec envie du sort des réfugiés et plusieurs me dirent qu'ils s'étaient fait passer pour tels afin d'être admis dans les cliniques des camps. Tous leurs besoins essentiels ainsi pris gracieusement en charge, les résidents des camps avaient toute liberté de se lancer dans le commerce, et les organisations humanitaires leur offraient sou-

vent la tentation — sous la forme de produits agricoles, par exemple — de le faire. Les principaux camps du Zaïre accueillirent donc rapidement les marchés les plus importants, les mieux approvisionnés et les moins chers de la région. Les Zaïrois parcouraient des kilomètres pour s'approvisionner chez les Rwandais, où au moins la moitié des marchandises provenait de l'aide humanitaire : légumineuses, farine, huile, dans des sacs et des bidons frappés du sceau des pays donateurs. Et, les *interahamwe* et les ex-FAR multipliant leurs attaques contre les éleveurs tutsi du Nord-Kivu, les marchés du camp de Goma devinrent célèbres pour leur viande de bœuf à des prix prodigieusement bas.

Sans doute les camps étaient-ils bondés, enfumés et malodorants, mais c'était également le cas de la plupart des logements que les Rwandais avaient fuis ; et contrairement à la majorité des villages rwandais, les principales artères des grands camps étaient jalonnées de pharmacies bien approvisionnées, de bars vidéo alimentés par des générateurs, de bibliothèques, d'églises, de bordels, de studios photographiques, et j'en passe. Les humanitaires qui me faisaient visiter les camps se conduisaient volontiers en propriétaires très fiers de leurs installations : « Super camp », disaient-ils, même lorsqu'ils ajoutaient : « Ces pauvres gens » ou demandaient : « Qu'est-ce qu'on fait ? »

Pour une bonne part, les profits du commerce des réfugiés servaient directement, via le racket politique, à l'achat d'armes et de munitions. Le Zaïre, disait Richard McCall de USAID, assurait le « libre passage

des expéditions d'armes » destinées aux génocidaires. Le HCR, moins franchement, avouait la même chose, sans cesser pour autant de réclamer davantage d'argent pour l'entretien des camps.

Le HCR avait officiellement pour politique dans les camps frontaliers d'encourager le « rapatriement volontaire » des réfugiés. Au début, il proposait aux gens de s'inscrire un jour ou deux à l'avance pour prendre les cars qui les ramèneraient au Rwanda. Nombre de ces candidats au retour s'étant fait rosser ou tuer avant la date de leur départ, on décida simplement de faire stationner des cars, portes ouvertes et moteur au ralenti, tous les matins dans les camps pour que ceux qui souhaitaient partir s'y précipitent. Cette initiative, on s'en doute, n'eut guère plus de succès. « Que signifie volontaire ? me demanda un jour le général Kagame. Que quelqu'un a la possibilité de penser et de prendre une décision personnellement. Or je ne crois pas que même rester dans les camps soit une décision volontaire pour les innocents. Je crois qu'ils sont influencés. Comment parler alors de départ volontaire ? »

En fait, c'étaient souvent les organisations recommandant officiellement leur rapatriement qui dissuadaient les réfugiés de retourner au Rwanda. Combien de fois ai-je entendu des travailleurs humanitaires me dire : « Il n'est pas prudent de les laisser rentrer chez eux. Ils risquent de se faire arrêter. » Mais s'ils méritaient d'être arrêtés ? « Nous ne pouvons pas en juger », me répondait-on, avant de conclure généralement : « D'ailleurs le gouvernement de Kigali ne veut

pas sincèrement leur retour. » Naturellement, très rares étaient les gens travaillant dans les camps qui avaient jamais mis les pieds au Rwanda ; leurs organisations ne les y encourageaient pas. Aussi finirent-ils par contracter ce que les diplomates appellent « la clientélite », l'adoption trop crédule du point de vue de ses protégés. Dès que je retraversais la frontière rwandaise, j'avais l'impression d'être passé à travers un miroir. Au HCR de Goma, on me disait que le Rwanda était décidé à empêcher le rapatriement et que les réfugiés de retour étaient souvent harcelés, afin que les autres restent dans les camps. Mais au HCR de Kigali, on me gorgeait de statistiques et d'arguments démontrant non seulement que le Rwanda voulait le retour des réfugiés mais que les rapatriés étaient très bien accueillis.

En juin 1995, le premier ministre zaïrois, Kengo Wa Dondo, vint à Goma et déclara dans un discours que si la communauté internationale ne fermait pas les camps, le Zaïre serait obligé de renvoyer les Rwandais chez eux. De fait, en août, des troupes zaïroises arrivèrent et, avec leur brutalité habituelle — extorsions, incendies —, expulsèrent quelque quinze mille Rwandais de l'autre côté de la frontière en moins d'une semaine. C'était plus que ce que le HCR avait accompli les six mois précédents. Mais le HCR refusait le rapatriement forcé — à moins, comme me le rappela Gérald Gahima du ministère rwandais de la Justice, qu'il ne s'agît de boat people vietnamiens réfugiés à Hong Kong. Le haut-commissaire des Nations unies pour les réfugiés, Mme Sadako Ogata, dut venir en

personne convaincre le président Mobutu de rappeler ses soldats — des rumeurs insistantes assurèrent qu'il se fit payer comptant —, de sorte que le rapatriement se retrouva bientôt de nouveau dans « l'impasse » qu'elle avait si souvent déplorée devant le Conseil de sécurité.

Si les journalistes qui assistèrent à l'intervention zaïroise ne manquèrent pas de dénoncer les innombrables violations des droits humains qu'avaient subies les réfugiés — surtout des vieillards, des femmes et des enfants incapables de s'enfuir —, la presse ne parla guère de ce qui s'était passé ensuite de l'autre côté de la frontière, au Rwanda. Rien de spectaculaire, en effet : les rapatriés furent réinstallés dans leurs villages d'origine ; il y eut moins d'arrestations que la moyenne ; et le bureau du HCR à Kigali, impressionné par la manière dont le gouvernement rwandais avait réglé cette affaire, proclama que cela démontrait la sincérité du Rwanda quand il demandait le retour de ses citoyens.

« Il est impossible d'empêcher la communauté internationale d'intervenir dans une situation comme un génocide, me dit un jour le général Kagame. Mais il se peut qu'elle propose de mauvais remèdes à nos problèmes. D'un côté, elle reconnaît qu'un génocide a eu lieu au Rwanda, mais elle ne semble pas saisir que des gens en ont été responsables, l'ont préparé et mis en œuvre. Voilà pourquoi nous comprenons mal qu'on nous engage à négocier. Quand nous demandons : “Avec qui ?”, on ne peut pas nous répondre.

La communauté internationale a quand même du mal à dire que nous devrions traiter avec les auteurs du génocide. Bien sûr, à terme, elle crée ainsi un problème encore plus important, parce que le génocide apparaît de moins en moins comme un crime très grave, dont il faut poursuivre et condamner les auteurs. » Et Kagame d'ajouter : « Il y a des innocents dans ces camps et c'est une situation effroyable pour eux. Ici au Rwanda, bien que des incidents puissent se produire, du moins règne-t-il une certaine normalité. Ce n'est peut-être pas agréable, ce n'est peut-être pas l'idéal, mais c'est ce qu'on peut faire de mieux dans ces circonstances. »

Je ne cessais de rencontrer, lui dis-je, des Rwandais qui prétendaient que leurs compatriotes ne disaient jamais la vérité, que la culture du Rwanda reposait sur la malhonnêteté, que pour comprendre le pays il fallait se pénétrer de cet esprit de mystification. Qu'en pensait-il ?

« Ceux qui racontent ça ne disent peut-être pas la vérité », répondit-il avec un rire exceptionnellement jovial. Puis il ajouta : « Je ne crois pas que ce soit notre culture, d'autant que je ne vois pas particulièrement d'honnêteté dans la politique de bien d'autres pays. Mais dans certains de ces pays-là, quand on essaie de raconter des mensonges, on risque de se faire démasquer par des institutions puissantes qui cherchent à savoir exactement ce qui se passe. Personnellement, reprit-il après un moment de silence, dire la vérité ne me dérange pas du tout, et je suis rwandais. Alors pourquoi ne me prend-on pas comme exemple de

Rwandais ? On me reproche même d'avoir dit publiquement des choses qu'en politique on ne devrait peut-être pas avouer. Plus on me fait ce genre de critiques, plus je suis convaincu d'avoir raison. »

Pour Kagame, le mensonge n'était pas une caractéristique rwandaise mais une tactique politique, et il la trouvait inefficace. Cela ne signifiait pas que l'on ne pût tenir des choses secrètes ; mais les secrets, même s'ils impliquent une tromperie, ne sont pas nécessairement des mensonges — ce sont simplement des vérités que l'on ne révèle pas. Dans un monde où les politiciens passaient pour des menteurs, Kagame avait découvert que l'on pouvait souvent obtenir un avantage-surprise en ne mentant pas : « Parfois, me fit-il remarquer, on dit la vérité parce que c'est la meilleure manière de s'en sortir. »

Si une chose est certaine en ce monde, c'est assurément que ça ne nous arrivera pas une deuxième fois.

PRIMO LEVI,
Si c'est un homme (1958).

C'est arrivé, cela peut donc arriver de nouveau ; tel est le noyau de ce que nous avons à dire. Cela peut se passer, et partout.

PRIMO LEVI,
Les Naufragés et les Rescapés (1986).

18

Dans les collines au pied des volcans de Virunga, dans la région du Nord-Kivu appelée Masisi, au Zaïre, sur une éminence dominant le village rural de Mokoto, au bord du lac, se trouvaient les ruines d'un monastère qu'on eût dites surgies de l'Europe médiévale. Ces ruines étaient pourtant toutes neuves. Jusqu'au début de mai 1996, Mokoto ressemblait fort à une bourgade abbatiale de jadis : tandis qu'au pied de la colline les villageois vivaient pour la plupart dans des huttes en terre rouge au toit de chaume, sur la colline les moines trappistes demeuraient dans un imposant ensemble de pierre aux somptueuses boiseries, où l'on trouvait une grande église, une bibliothèque, une auberge pour les visiteurs, une ferme laitière de près de mille vaches, un atelier de réparations de véhicules automobiles et une centrale électrique alimentée par une roue hydraulique. Le monastère assurait l'essentiel des services sociaux à Mokoto et dans les villages avoisinants ; les moines dirigeaient six écoles et un dispensaire, et ils avaient conçu un réseau de distribution d'eau pour les villageois, qui passaient

naguère une bonne partie de leur temps à coltiner des seaux. En janvier et février 1996, lorsque des centaines de gens, fuyant des bandes armées qui les avaient chassés de chez eux, commencèrent à affluer au monastère, le père Dhelo, le supérieur zaïrois de Mokoto, n'hésita pas à les accueillir.

Le père Dhelo savait que c'étaient des Tutsi harcelés par des Hutu, conduits par des ex-FAR et des *interahamwe* venus des camps onusiens de Goma, à une cinquantaine de kilomètres au sud-ouest de là. Depuis que certains pays occidentaux avaient fait savoir qu'ils en avaient assez de financer ces camps, des rumeurs affirmaient que l'aide allait cesser ou que les camps seraient fermés de force, aussi les génocidaires et leurs alliés hutu du Zaïre avaient-ils intensifié et étendu leur guerre dans le Nord-Kivu. Ils tentaient apparemment d'effectuer le « nettoyage ethnique » du cœur agricole de ce territoire montagneux, afin d'y établir une base permanente pour le Pouvoir hutu, un Hutuland, comme on l'appelait déjà familièrement dans la région.

Le père Dhelo savait tout cela, et il n'ignorait pas non plus qu'en 1994 les génocidaires n'avaient pas hésité à violer l'asile des églises au Rwanda. Mais lorsque les dirigeants hutu locaux menacèrent de le tuer s'il continuait d'abriter les Tutsi déplacés, il refusa de se laisser intimider. « Je leur ai dit que s'ils croyaient que ma mort pourrait résoudre le problème, j'accepterais volontiers de mourir seul. Après cela, je ne les ai plus vus. » Puis, au début de mai, le père Dhelo dut s'absenter.

Près de mille Tutsi campaien
monastère. Le mercredi 8 mai,
raconta le père Victor Bourdeau,
vivait à Mokoto depuis dix-sept
Hutu investit le camp et tira des co
Des centaines de Tutsi se réfug
l'église. Le vendredi, les moines apprirent qu'une importante attaque se préparait. S'il était difficile de faire partir les Tutsi sans risques, les moines furent évacués, à part six dont le père Victor. Le dimanche 12 mai dans la matinée, les combattants hutu forcèrent les portes de l'église, et en firent sortir de force plusieurs Tutsi qu'ils massacrèrent à la machette. « Il n'y avait rien à faire », dit le père Victor. Les autres moines et lui s'enfuirent sur un tracteur.

Quand je rencontrai les moines de Mokoto neuf jours plus tard à Goma, ils étaient devenus à leur tour des réfugiés. Grand et mince, l'air tourmenté de l'ascète, le père Victor, en froc kaki, était assis sur un lit de camp dans une petite pièce sans air. « Tout le monde dans le village était complice, par le silence ou le pillage, et il est impossible de définir les responsabilités, dit-il. C'est comme au Rwanda, on ne peut pas dire qu'ils sont tous coupables, mais comment les distinguer les uns des autres ? » Le père Victor se trouvait à Kigali le 7 avril 1994, le lendemain de l'assassinat d'Habyarimana, et, me dit-il, « c'était exactement le même scénario ».

Mokoto était tellement isolé qu'il fallut trois jours pour que la nouvelle du massacre parvînt à Kigali, où

rouvais à l'époque. Le drame s'inscrivait par-ment dans le modèle des récents événements. epuis un mois et demi, au moins dix mille Tutsi avaient été chassés du Nord-Kivu et contraints de se réfugier au Rwanda. Kigali avait accusé le Zaïre de complicité dans leur expulsion, puisque c'était souvent son armée qui les avait transportés en camion jusqu'à la frontière, où elle leur avait confisqué ou détruit leurs papiers zaïrois. Kinshasa d'invoquer une loi sur la nationalité, très contestée et jamais appliquée, adoptée en 1981 en violation de la constitution zaïroise et de nombreuses conventions internationales, qui privait de leur citoyenneté les Zaïrois d'origine rwandaise et faisait d'eux des apatrides. « Ces réfugiés du Nord-Kivu sont zaïrois, me dit Claude Dusaidi, le conseiller du général Kagame. Nous demandons que nos citoyens reviennent des camps et ils nous envoient les leurs. Il faut qu'ils les reprennent et qu'ils nous rendent les nôtres. »

À mesure que les détails du massacre de Mokoto commençaient à circuler à Kigali, dans toutes les administrations où je me rendais j'entendais les mêmes protestations indignées. Si le Zaïre ne voulait pas de ses habitants d'origine rwandaise, pourquoi n'expulsait-il que les Tutsi et laissait-il les Hutu zaïrois les massacrer impunément ? « C'est vraiment le génocide qui recommence, me dit Dusaidi, mais cette fois-ci encouragé par le Zaïre contre ses propres citoyens. » On me rappelait sans cesse que le président zaïrois Mobutu Sese Seko avait soutenu Habyarimana dans sa lutte contre le FPR, facilité les livraisons

d'armes au Rwanda pendant le génocide, fourni des bases aux troupes françaises de l'opération Turquoise et encouragé la renaissance des forces du Pouvoir hutu dans les camps frontaliers. Une commission d'enquête des Nations unies venait de publier un rapport montrant que le colonel Bagasora, d'odieuse mémoire, s'était rendu aux Seychelles avec des papiers militaires zaïrois afin d'y acheter des armes et des munitions pour les ex-FAR. Pendant la première moitié de 1996, non seulement la guerre s'était intensifiée dans le Nord-Kivu, mais les forces du Pouvoir hutu basées au Zaïre avaient multiplié leurs attaques au Rwanda, massacrant les rescapés du génocide par centaines, afin de tenter, selon l'expression de l'organisation Droits africains, de « tuer les preuves ». Les autorités rwandaises étaient donc particulièrement exaspérées de voir la communauté internationale déverser de l'argent au Zaïre par le biais des camps, sans aucunement tenir Mobutu responsable des actions de ses hôtes génocides.

Nul despote ne régnait en Afrique depuis plus longtemps que Mobutu. Il s'était hissé au pouvoir, entre 1960 et 1965, avec l'aide de la CIA et de diverses bandes de mercenaires blancs, en supprimant par la violence les diverses forces politiques issues de l'indépendance, et s'y était maintenu largement grâce à son génie de tourner à son avantage les malheurs de ses voisins. Pendant la guerre froide, les États-Unis et leurs alliés l'érigèrent en rempart contre les forces communistes en Afrique centrale. Après la chute du mur de Berlin, Mobutu n'avait plus d'utilité. Le nou-

veau credo prétendait désormais promouvoir la démocratie, et Mobutu ne proposant qu'une parodie violente du multipartisme, ses anciens protecteurs le laissèrent choir. Son immense pays — de la taille de l'Europe occidentale — regorgeait de cobalt, de diamants, d'or et d'uranium, et il passait pour l'un des hommes les plus riches du monde. Pourtant, à la fin de 1993, alors que, faute d'être payée, son armée mutinée massacrait, pillait et violait dans tout le pays, le Zaïre subissait une inflation de dix mille pour cent et Mobutu, frappé d'ostracisme et incapable d'obtenir un visa pour l'Europe ou les États-Unis, semblait courir à sa perte. C'est alors que le génocide rwandais le remit en selle, puisqu'il fallait passer par lui pour résoudre le problème des réfugiés.

Une fois de plus, par conséquent, les dirigeants occidentaux eurent recours à sa médiation dans les affaires de la région : les émissaires des États-Unis, de l'Union européenne et du secrétariat des Nations unies de se succéder à Gbadolite, le vaste palais au milieu de la jungle d'où Mobutu gouvernait et où Habyarimana était enterré. La France, toujours prête à cautionner le Pouvoir hutu, rompit le front commun avec ce qu'en jargon de la guerre froide on appelait « le monde libre » pour rétablir unilatéralement son aide au Zaïre — c'est-à-dire, en réalité, à Mobutu, qui transférait l'argent directement sur ses comptes bancaires en Suisse. « Ce génocide, me confia un diplomate européen, a été un don de Dieu pour Mobutu. » Les responsables rwandais que je rencontrais estimaient, pour leur part, qu'en tolérant voire en encou-

rageant la création d'un Hutuland fortement militarisé au Zaïre, Mobutu s'efforçait de pérenniser ce don.

Le colonel Karamera, ministre rwandais de la Santé, lança alors cette mise en garde : « Si quiconque s'imagine que Mobutu pourra continuer à prendre les gens pour des imbéciles, je ne crois pas qu'il nous faudra très longtemps pour prouver que nous ne le sommes pas. » Les derniers bataillons de la MINUAR s'étaient enfin retirés du Rwanda en avril 1996, et un mois après il semblait que la guerre que tout le monde attendait allait éclater incessamment. « Le Zaïre ne cesse de faire de la provocation », me dit Claude Dusaidi au ministère de la Défense. « S'il veut expulser ses citoyens pour nous les donner, qu'il les cède avec leur territoire. » J'avais si souvent entendu cette phrase dans la bouche de responsables à Kigali que je demandai à Dusaidi, connu pour ne pas mâcher ses mots, si le Rwanda s'apprêtait à envahir le Zaïre. « Nous avons assez de problèmes comme ça, répondit-il. Nous n'avons pas besoin de franchir nos frontières pour être frustrés. Mais si nous voulions le Nord-Kivu, nous irions nous en emparer. »

Après le massacre du monastère de Mokoto, des centaines de rescapés tutsi étaient parvenus à s'enfuir et à se réfugier dans un village zaïrois voisin. Je voulais savoir ce qu'il allait advenir d'eux. En chemin, je m'arrêtai dans le nord-ouest du Rwanda, dans un camp où étaient hébergés des milliers de Tutsi zaïrois récemment expulsés du Nord-Kivu. Je parlai avec une douzaine d'entre eux. Lorsque les attaques du Pouvoir

hutu avaient commencé au début de 1996, me dirent-ils, le Zaïre avait envoyé des troupes. Les Tutsi s'attendaient que celles-ci les défendraient, que le Zaïre protégerait ses propres citoyens. Bien au contraire, la plupart des soldats les avaient volés avant de les chasser de l'autre côté de la frontière. « Ils nous ont fait payer le transport jusqu'à la frontière », dit l'un des réfugiés, dont la tenue — une paire de chaussures de ski de fond et un pull islandais — attestait sa soudaine dépendance envers la charité d'autrui.

Les réfugiés tutsi du Zaïre attribuaient leurs ennuis à Mobutu. « C'est un homme très puissant, me dit l'un d'eux qui avait été fonctionnaire zaïrois pendant des dizaines d'années. Il est là depuis trente ans et, chaque fois qu'il se heurte à une opposition intérieure, il laisse se développer une guerre civile, puis il y met fin, en disant : "Voilà la paix." » Les réfugiés croyaient également que Mobutu pourrait rétablir l'ordre s'il le désirait. Après tout, le nom qu'il s'était donné, Mobutu Sese Seko Kuku Ngbendu Wa Za Banga, ne signifiait-il pas : « le guerrier tout-puissant qui par son endurance et sa volonté de vaincre, va de conquête en conquête, en ne laissant que l'incendie derrière lui », et aussi « le coq qui ne laisse aucune poule tranquille » ? Nul ne semblait douter qu'il était responsable de tout ce qui arrivait dans son pays, par son initiative ou son refus d'agir, et que le résultat final répondrait exactement à ses vœux.

Mais Mobutu ne voulait pas que des étrangers voient son œuvre en cours. Quand je me présentai à la frontière, j'appris que le Zaïre ne laissait pas entrer

les journalistes. « Ils veulent dissimuler le désordre total, me dit un mécanicien rwandais qui venait de passer la journée à Goma. Ce pays est fini. Les entreprises s'en vont. » Mais la police des frontières ne savait pas qui j'étais, et les douaniers qui empoignèrent mon sac ne prirent même pas la peine de l'ouvrir : ce qu'ils voulaient, c'était un bakchich, un menu pourboire, et trois dollars leur suffirent.

Institutionnellement, le Zaïre passe depuis longtemps pour un État fantôme. Son nom même, que Mobutu avait ressuscité dans le cadre de son programme d'« authenticité », n'était que la corruption par les Portugais d'un mot local signifiant fleuve. Et Mobutu — qui aimait apparaître à la télévision dans des vidéoclips où il marchait dans les nuages avec ses attributs fétiches : le bonnet en peau de léopard et les lunettes noires — était allé plus loin, en revendiquant le pouvoir primordial de rebaptiser tous ses sujets, ou du moins d'exiger qu'ils abandonnent leurs noms chrétiens au profit de patronymes africains. Dans sa recherche de l'« authenticité », il avait également nationalisé toutes les sociétés étrangères, promulgué une constitution lui accordant un pouvoir absolu, prescrit un costume national (cravates et costumes étant remplacés par une sorte de chemise à col Mao surnommée familièrement *abaco* — abréviation d'*à bas les costumes*) ; il avait en outre substitué son portrait au crucifix, rayé Noël du calendrier des jours fériés et aboli le moindre vestige d'opposition politique. « Nous avons recours à cette authenticité, avait-il un jour déclaré, afin de redécouvrir notre âme que la colonisation avait pra-

tiquement effacée de nos mémoires et que nous recherchons dans la tradition de nos ancêtres. »

La démarche de Mobutu reposait donc sur une double négation : effacer la mémoire dénaturée qui avait effacé la mémoire nationale authentique, afin de renouer la chaîne historique originelle. Projet romantique, nostalgique et foncièrement incohérent : le « pays » que Mobutu appelait le Zaïre n'avait jamais été une nation avant que le rapace Léopold II, roi des Belges, en eût tracé la carte, et le mot même d'« authenticité » — emprunté à l'existentialisme français en vogue pendant la jeunesse de Mobutu — était manifestement incompatible avec son africanité proclamée. On songe à Pol Pot, qui, de retour au Cambodge après avoir étudié à Paris, rebaptisa son pays Kampuchéa, expurgea le calendrier, proclama « l'an zéro » et massacra un million ou plus de ses compatriotes pour extirper les influences occidentales.

Mobutu, pour exalter sa propre grandeur, réduisit systématiquement le Zaïre à la déliquescence, tandis que — malgré la détermination réticente de la grande masse des Zaïrois, qui continuèrent de procréer, s'instruire, prier, commercer et discuter, non sans éloquence, de leurs perspectives d'émancipation politique — un nombre inquiétant de commentateurs occidentaux trouvaient une consolation cynique dans la conviction que cet état de choses représentait le summum de l'authenticité que pouvait accomplir l'Afrique. Laissez les indigènes se débrouiller tout seuls et voilà : le Zaïre. À croire que nous voulions que le Zaïre fût le Cœur des Ténèbres ; et peut-être

que cette vision correspondait à notre conception de l'ordre naturel des nations…

Sans doute Mobutu ne fut-il jamais plus que le capricieux pantin de ses protecteurs occidentaux, et il finit d'ailleurs par abandonner à la décrépitude jusqu'à l'idée d'authenticité, dépouillant tout prétexte idéologique pour se livrer à un gangstérisme absolu. Les Zaïrois — un moment contraints de se rassembler en foule pour scander des slogans mobutistes du style : « Plutôt mourir de faim qu'être riches et esclaves du colonialisme ! » — voyaient Mobutu s'enrichir toujours davantage alors qu'ils étaient toujours plus affamés. Certains finirent même par oser ajouter un quatrième « Z » — « Zaïre le Zéro » — aux « Trois Z » fétiches de Mobutu : « Zaïre le pays, Zaïre le fleuve et Zaïre la monnaie. »

Tout ce qui subsistait de l'État, c'étaient le chef, ses intimes et son armée : élite vampirique vidant de sa substance un filon de près de deux millions et demi de kilomètres carrés. Débrouillez-vous, tel était en fait le onzième commandement du mobutisme, et pendant au moins une génération ce fut la seule loi absolue du pays. Les étrangers de passage s'émerveillaient que le Zaïre parvînt néanmoins à survivre. Comment le centre tenait-il ? Mais y avait-il seulement un centre ? Ayant laissé son pays se décomposer, Mobutu aimait à faire croire que lui seul le maintenait soudé, et, à mesure que la guerre couvait dans le Nord-Kivu, ce qui inquiétait nombre de Zaïrois et de diplomates étrangers, plus encore que le Zaïre sous Mobutu, c'était le sort du Zaïre après Mobutu.

« Guerre tribale et désastre », dit mon chauffeur de taxi à l'entrée de Goma, tandis que nous zigzaguions sur le côté gauche d'un boulevard à deux voies, parce que les nids-de-poule y étaient moins profonds. « En fin de compte, c'est nous qui allons tous payer. » Une tournée des organisations humanitaires ne s'avéra guère plus encourageante. Un convoi de trois camions appartenant à CARE* avait essuyé des rafales de mitrailleuse et des jets de grenades sur une route proche d'un des camps des Nations unies. Treize Zaïrois avaient été tués dans l'embuscade, et je vis plusieurs humanitaires occidentaux logés au bord du lac qui vérifiaient l'état de leurs canots pneumatiques dans l'éventualité — ou l'espoir — d'une évacuation.

Si tout le monde se faisait l'écho de rumeurs sur les combats dans les collines, personne n'avait guère d'informations concrètes. Au siège du HCR, je trouvai le responsable du rapatriement assis à un bureau impeccablement rangé. « Ne parlons pas de rapatriement », me dit-il : il venait de demander sa mutation.

Une semaine après les massacres de Mokoto, je partis en voiture pour la zone des combats. De Goma, la route s'enfonçait vers l'ouest à travers le champ de lave, longeait le gigantesque camp de Mugunga, où vivaient environ cent cinquante mille réfugiés rwandais dans un océan de cabanes enveloppées des grandes feuilles de plastique bleu que distribuait l'ONU.

* Cooperative for American Relief Everywhere. Littéralement Coopérative pour l'assistance américaine partout, cet acronyme signifie prendre soin, avoir à cœur. *(N.d.T.)*

Quelques kilomètres plus loin se trouvait Lac-Vert, quartier général des ex-FAR. La route goudronnée s'arrêtait à Sake, bourgade décrépite où s'entassaient quelque trente mille Hunde, chassés des collines par les combattants hutu. Comme les Hutu, les Hunde pratiquaient surtout l'agriculture vivrière, et la rivalité entre les deux groupes était entièrement économique et politique. « Morphologiquement nous sommes pareils », me dit un Hutu zaïrois, dans les termes de la « science raciale » européenne, pour indiquer que le conflit entre Hutu et Hunde ne reposait pas sur une hostilité ethnique.

Au-delà de Sake, une piste de terre se hissait en pente raide à travers la végétation dense du massif volcanique gorgé d'humidité. Nous arrivâmes bientôt dans une clairière, et mon chauffeur me donna le nom d'un village. Mais il n'y avait plus de village : ne subsistaient que quelques lopins de terre, des poutres calcinées, des débris de vaisselle brisée et, çà et là, des rangées de fleurs qui dénotaient la main de l'homme. Nous roulâmes pendant une heure sans voir personne, laissant derrière nous les cases saccagées des Hunde ou abandonnées des Hutu ; ces derniers avaient été nombreux, disait-on, à se réfugier avec les Rwandais dans les camps de l'ONU. Le Masisi avait la réputation d'être le grenier du Zaïre : région si fertile, si tempérée et si humide que certaines plantes donnaient jusqu'à quatre récoltes par an. Elle semblait maintenant totalement dévastée, hormis quelques champs de légumes épars, soigneusement entretenus,

dont le vert s'irisait sous les nuages bas et sombres qui répandaient parfois une averse luisante.

Escarpées, onduleuses et irrégulières, les collines tantôt plongeaient brusquement dans l'ombre au détour d'un virage, tantôt s'ouvraient sur de profonds ravins d'où dégringolaient des cascades, pour se refermer sur une forêt d'eucalyptus. C'était un paysage qui valait bien qu'on se battît pour lui, mais je ne pouvais comprendre cette interminable succession de villages désolés. Quand on conquiert un pays dont on expulse la population, c'est normalement pour l'occuper. Ces collines n'auraient-elles pas dû regorger de Hutu ? À moins que ces derniers n'aient attendu le jour où l'argent humanitaire cesserait d'affluer dans les camps. Lorsque nous croisâmes enfin dans un village quelques Hutu et quelques soldats zaïrois, mon chauffeur ne crut pas judicieux de s'arrêter pour leur demander quelle était leur stratégie à long terme.

La forêt prenait fin au sommet de l'escarpement, laissant la place à la mer des alpages tutsi, qui roulait par-dessus les dômes des collines et envahissait les vallées. Mais pas le moindre éleveur tutsi, ni la moindre tête de bétail. Après avoir roulé quatre heures sur la route déserte et parcouru quelque quatre-vingts kilomètres, nous parvînmes à Kitchanga, village où les Tutsi fuyant le monastère de Mokoto avaient trouvé un abri provisoire. Massée autour d'une cabane, une foule nombreuse achetait la viande d'une vache qu'on venait d'abattre. La vache venait aussi de Mokoto, « sauvée », disaient les villageois, de la laiterie du monastère ; il y avait soudain tant de

viande dans le coin que pour dix dollars on vous en donnait une douzaine de kilos.

Mais pour sauver sa peau, un Tutsi avait besoin de plus que ça : on lui demandait en effet entre douze et quinze dollars pour l'acheminer jusqu'à la frontière. Trop pauvres pour payer leur propre « nettoyage ethnique », huit cents des Tutsi attaqués à Mokoto s'entassaient encore à Kitchanga dans une école au toit de chaume, détrempée et fumante.

Quelques jours avant mon arrivée à Kitchanga, une équipe de Médecins sans Frontières se rendant à Mokoto avait trouvé la route bloquée par deux cadavres nus et calcinés ; on leur avait coupé les mains, les pieds et les organes génitaux, on leur avait fendu la poitrine pour leur arracher le cœur. Les sauveteurs comptèrent dix cadavres, mais à l'odeur il y en avait bien davantage — au moins une centaine, estimèrent-ils. Pendant qu'ils exploraient le monastère, quelques blessés tutsi sortirent de la brousse où ils se cachaient. Et parmi eux un jeune garçon nu dont seule la nuque était couverte. Quand il ôta le tissu, ils découvrirent qu'il avait le cou presque à demi tranché, la colonne vertébrale et une partie du crâne à nu. Un médecin avait recousu l'enfant, et je vis ce dernier qui faisait quelques pas hésitants autour d'un poste de secours de Kitchanga.

Nombre des assaillants venaient des camps de l'ONU, me dit un homme aux pieds nus, portant un imperméable et un short en lambeaux, qui se présenta comme « le capitaine des réfugiés de Mokoto ». Il était

facile de les reconnaître, expliqua-t-il, parce qu'« ils parlaient un excellent kinyarwanda et étaient bien habillés », tandis que « nous, les Zaïrois des collines, nous sommes plus à l'aise en swahili ». Quelques-uns d'entre eux étaient parvenus à s'enfuir lorsque « les agresseurs, voyant certains des leurs piller, oublièrent de tuer pour voler et ne revinrent que plus tard ». Les rescapés de Mokoto étaient péniblement parvenus à Kitchanga les mains vides, et quelques vieillards simplement enveloppés dans une couverture parce que leurs assaillants les avaient fait déshabiller, en attendant de les massacrer par la suite. Ils avaient eu beaucoup de chance. À Mokoto, me raconta le capitaine, les miliciens du Pouvoir hutu scandaient : « Tuez, tuez, tuez ! » et : « Voilà comment nous avons fui notre pays. » Contrairement aux réfugiés tutsi du Zaïre que j'avais rencontrés au Rwanda, dont le seul espoir était de retourner au Zaïre, le capitaine des Tutsi de Mokoto y avait renoncé. « Nous voulons rentrer chez nous, me dit-il en parlant du Rwanda. Ici, nous n'avons pas de nationalité. »

Le mwami de Kitchanga, chef héréditaire des Hundes, un homme corpulent qui portait une chemise de velours brun, des lunettes cerclées de fer et une casquette de base-ball blanche, confirma ses propos : « Les Hutu veulent vraiment exterminer les Tutsi. » Son peuple avait lui aussi beaucoup de mal à assurer sa propre protection : parmi les combattants hunde on trouvait jusqu'à des gamins de six ou sept ans, et leur arsenal se composait essentiellement de lances, d'arcs et de flèches, et de fusils artisanaux qui tiraient

des clous. « Ce ne sont pas des automatiques, dit le mwami, mais ça tue. » Kitchanga, qui abritait naguère quelque deux mille habitants d'origines diverses, était désormais un bastion exclusivement hunde, qu'étaient venues renforcer trente-six mille personnes déplacées. La Croix-Rouge et les Nations unies estimaient qu'environ la moitié de la population du Masisi, quelque trois cent mille personnes, avait dû abandonner ses pénates. Jusqu'au mwami qui occupait un logement provisoire, son domaine, à huit kilomètres de là, ayant été détruit. Je le trouvai qui buvait de la bière de banane dans son « bureau » — un belvédère en feuilles de plastique des Nations unies. Kitchanga était un endroit très hospitalier, me dit-il, mais en accueillant les Tutsi il risquait d'attirer une attaque des Hutu, et il désirait donc que ses hôtes s'en aillent au plus vite.

Il fallait évacuer les Tutsi si l'on ne voulait pas qu'ils soient massacrés. Malheureusement la route menant à la frontière traversait le Hutuland et longeait les camps. On racontait à Kitchanga que l'Organisation internationale pour les migrations (OIM), organisme intergouvernemental, avait promis d'envoyer un convoi de camions, avec une escorte de soldats zaïrois, pour emmener les Tutsi, mais personne n'y croyait vraiment.

Pendant la nuit, à Kitchanga, j'entendis des coups de feu dans le lointain, et le matin j'appris que de violents combats opposaient Hutu et Hunde au nord du village. On me conseilla de regagner Goma. Au moment où je partis, trois grosses colonnes de fumée

s'élevaient de l'autre côté de la vallée : des combattants hunde mettaient à sac un village hutu. Le long de la route, des Hunde déplacés marchaient en direction de Kitchanga — femmes avec des fauteuils attachés sur le dos, hommes portant des cuvettes pour brasser la bière de banane, et un jeune homme mince avec une lance dans une main et un lit double sur la tête.

De retour à Goma, j'appris que l'OIM avait effectivement envisagé d'envoyer un convoi évacuer les Tutsi de Kitchanga, mais le projet avait été abandonné — le mandat de l'OIM ne l'autorisait pas à aider des personnes « déplacées à l'intérieur du territoire » à traverser des frontières internationales. Le HCR et les douzaines d'autres organisations humanitaires qui avaient obtenu les contrats lucratifs pour l'approvisionnement des camps de Goma excipaient tous de semblables restrictions de leur mandat qui les empêchaient de sauver les rescapés de Mokoto. La plupart des organisations d'assistance s'interdisaient de transporter quiconque où que ce fût et ne pouvaient fournir des secours que sur place ; beaucoup refusaient d'effectuer des opérations impliquant une protection armée, pour ne pas compromettre leur « neutralité » ; d'autres encore prétendaient qu'évacuer des Tutsi pour la seule raison que des Hutu les menaçaient reviendrait à encourager le « nettoyage ethnique » et violerait par conséquent leurs principes humanitaires. Si, à titre individuel, les humanitaires reconnaissaient qu'il était plus humain de favoriser le « nettoyage ethnique » que de laisser massacrer des gens, il apparais-

sait évident que leurs organisations étaient plus soucieuses de protéger leur mandat que de protéger les personnes. « Tout est mensonge ici, me dit à Goma le père Victor de Mokoto. Toutes ces organisations — elles veulent bien donner des couvertures, de la nourriture, ça oui. Mais sauver des vies ? C'est hors de question… »

Douze jours après le massacre de Mokoto, l'ambassadeur du Rwanda auprès des Nations unies demanda au Conseil de sécurité « d'intervenir immédiatement pour empêcher un génocide dans l'est du Zaïre ». La requête rwandaise se référait explicitement à Mokoto et aux Tutsi demeurant encore à Kitchanga. La mission zaïroise aux Nations unies riposta que le conflit au Nord-Kivu était une « situation entièrement intérieure », qui ne relevait donc en rien du Conseil de sécurité. Et de nier qu'il y eût aucun problème concernant ses « nationaux de langue kinyarwanda » pour la bonne raison que « le kinyarwanda ne faisait pas partie des langues parlées au Zaïre ». Au reste, précisait Kinshasa au Conseil de sécurité, « le mot "génocide" ne s'inscrit pas dans le paysage politique du Zaïre ». Le Conseil de sécurité ne bougea donc pas, et ne prit même pas la peine d'exprimer son « inquiétude » machinale habituelle.

De retour à Kigali, j'appris que des hommes d'affaires tutsi du Nord-Kivu affrétaient un convoi pour évacuer de Kitchanga les rescapés de Mokoto, si bien qu'à la fin de mai plus d'un millier d'entre eux avaient été acheminés jusqu'à la frontière rwandaise. Tout au long de juin et de juillet, les réfugiés tutsi continuèrent

d'affluer au Rwanda et, les combats s'étendant dans le Zaïre oriental, les Tutsi des régions plus septentrionales commencèrent à gagner l'Ouganda. À la fin d'août, le Nord-Kivu était presque entièrement « nettoyé » de ses Tutsi.

19

En rentrant à Kigali de ma visite aux rescapés du massacre de Mokoto, en mai 1996, j'avais demandé à Kagame ce qu'allaient devenir, à son avis, les réfugiés tutsi qu'on expulsait du Zaïre vers le Rwanda. « Si les jeunes gens doivent se battre, peut-être les entraînerons-nous », m'avait-il répondu. Un an après, il me disait que l'entraînement avait commencé. Kagame avait conclu qu'il ne pourrait entièrement supprimer la menace que représentaient les camps du Pouvoir hutu au Zaïre que si prenait également fin « le soutien qu'ils obtenaient du gouvernement zaïrois et de la communauté internationale ».

Si les grandes puissances avaient clairement montré en 1994 qu'elles ne se souciaient pas de lutter contre le génocide en Afrique centrale, elles n'allaient pas jusqu'à justifier franchement les encouragements qu'elles lui apportaient de fait. La fausse promesse de protection des camps mettait en danger mortel les civils hutu, aussi bien que les Tutsi et toutes les autres populations de la région, et il n'y avait rien de réconfortant à se dire que cette situation n'était pas le fruit

d'une politique internationale hostile en Afrique centrale, mais d'une absence de stratégie cohérente. À Washington, où 1996 était une année d'élections présidentielles, un proche de Clinton aurait déclaré devant le Conseil national de sécurité que le principal objectif politique du gouvernement au Rwanda et au Zaïre se résumait à : « Nous ne voulons pas avoir l'air d'idiots. » À Kigali, où l'on redoutait avant tout une invasion du Pouvoir hutu, le colonel Joseph Karemera, ministre rwandais de la Santé, me demanda : « Lorsque les gens qui reçoivent une aide humanitaire dans ces camps viendront nous tuer, que fera la communauté internationale — envoyer davantage d'aide humanitaire ? » Parfois il ne pouvait s'empêcher de penser que « cette communauté internationale semble voir en nous une autre génération de l'évolution humaine ».

En juillet 1996, le général Kagame se rendit à Washington pour expliquer une fois de plus que si la communauté internationale ne pouvait mater le monstre qu'elle couvait dans les camps, il s'en chargerait. On crut qu'il bluffait : l'idée que le Rwanda pût envahir le Zaïre faisait un peu penser à une offensive du Liechtenstein contre l'Allemagne. C'était Mobutu qui parrainait les invasions de ses voisins et non le contraire, et Mobutu incarnait encore les espoirs de Washington dans la région. « Parfois, m'avait expliqué un diplomate américain, il faut danser avec le diable pour faire le travail du Seigneur. » Et en cela, du moins, Paris était d'accord. La France demeurait le principal avocat du Pouvoir hutu, et son

attitude à l'égard des mises en garde de Kagame semblait être : qu'il essaie donc ! (En 1995, non content de refuser d'inviter son homologue rwandais, le pasteur Bizimungu, à la conférence annuelle des chefs d'État africains francophones qui se tenait à Biarritz, le nouveau président français, Jacques Chirac, avait ouvert la réunion par une minute de silence à la mémoire du président Habyarimana — et non à celle des victimes du génocide commis au nom de ce dernier.)

Peu après le voyage de Kagame à Washington, l'armée burundaise entreprit de fermer tous les camps de réfugiés rwandais sur son territoire. Le HCR commença par protester, mais devant le refus des Burundais d'en démordre, il se résigna à coopérer. Bientôt les réfugiés se bousculaient pour monter dans les camions qui faisaient la navette de part et d'autre de la frontière. En quelques semaines, deux cent mille Rwandais étaient rentrés chez eux, tandis que les Nations unies finissaient même par qualifier le rapatriement de volontaire. Le gouvernement rwandais proclama que les exilés de retour seraient bien accueillis dans leurs communautés d'origine et qu'ils recouvreraient leurs demeures — et ce fut en règle générale ce qui se passa effectivement. Des observateurs de l'ONU me dirent qu'il y eut moins d'arrestations que prévu ; dans certains cas, des génocidaires notoires se virent même dénoncer par leurs anciens camarades de camp.

Plusieurs jours durant, je regardai les convois affluer du Burundi. Quand je demandais aux rapatriés s'ils rentraient sous la contrainte, ils m'assuraient tous

que non. Mais quand je leur demandais pourquoi ils avaient soudain décidé de regagner leurs foyers, ils disaient qu'ils n'avaient pas le choix. « Tout le monde s'en allait. Nous étions partis ensemble, alors nous sommes rentrés ensemble », me répondait-on presque invariablement. « Il y a des supérieurs qui s'occupent de la politique et des affaires de l'humanité, me dit, en levant les yeux au ciel, un maçon pieds nus et en loques au milieu de ses six enfants. Et il y a les gens simples comme nous » — il abaissa les yeux vers le sol — « qui ne savent rien de la politique et se contentent de travailler de leurs mains pour manger et vivre. » Ce retour en masse du Burundi montrait on ne peut plus clairement que le seul obstacle à un rapatriement comparable du Zaïre était la capacité du Pouvoir hutu à intimider non seulement les résidents des camps mais aussi la communauté internationale tout entière.

« Je crois que nous en avons beaucoup appris sur l'hypocrisie et l'iniquité de ceux qui prétendent vouloir un monde meilleur, me dit, indigné, le général Kagame. Ils en font un problème politique et prétendent que nous ne pouvons récupérer les réfugiés sans pardonner aux coupables du génocide. Je leur ai dit : "Nous vous avons demandé de séparer les responsables des gens ordinaires. Vous ne l'avez pas fait. Si vous — le monde entier réuni — êtes incapables d'y arriver, comment pouvez-vous exiger que nous fassions beaucoup mieux ? Vous réclamez de nous un modèle qui n'a jamais existé sur cette terre. Vous voulez qu'on se réveille un matin et que tout soit parfait — que les gens se promènent main dans la main, qu'ils

aient oublié le génocide, que les choses se passent en douceur. Un vrai paradis !" »

Kagame avait d'abord cru, me dit-il, qu'« il incomberait à la communauté internationale tout entière de se charger de gens qui avaient commis de graves crimes contre l'humanité ». Il estimait encore que ce devrait être le cas. « Mais il n'en a pas été ainsi. Il ne reste donc qu'à faire front et à livrer une nouvelle guerre. »

Peu après la prise de Kigali par le FPR en 1994, le président ougandais Museveni avait présenté à son vieux compagnon d'armes Kagame un Zaïrois, Laurent-Désiré Kabila, qui avait combattu Mobutu dans les maquis pendant toutes les années soixante et soixante-dix, et espérait reprendre la lutte. Kagame, Museveni et Kabila commencèrent alors à tisser des réseaux avec des Zaïrois et d'autres Africains qui considéraient Mobutu comme une menace à la stabilité et au progrès du continent. « Nous disions souvent aux Zaïrois : "Nous savons que vous fomentez des troubles contre nous, mais nous pouvons vous en faire autant", me confia Kagame. Nous leur disions : "Vous avez besoin de la paix, nous en avons besoin aussi, alors travaillons ensemble, sinon, eh bien..." »

Comme la paix ne s'annonçait naturellement pas, au milieu de 1996 Kagame entreprit de constituer un noyau armé susceptible de déclencher une rébellion au Zaïre. Les Tutsi zaïrois, sous la menace immédiate de l'extermination, étaient mûrs pour la mobilisation, sans compter qu'ils offraient l'avantage supplémen-

taire de ressembler aux Rwandais et de parler la même langue qu'eux : si des soldats de l'APR se mêlaient à eux, il serait bien difficile de les distinguer. Il n'en resta pas là et recruta dans tout le Zaïre des soldats et des cadres politiques, si bien que Kigali devint bientôt la plaque tournante clandestine de tous les antimobutistes résolus à engager la lutte armée au Zaïre.

Après la destruction des communautés tutsies du Nord-Kivu, Kagame supposa que le Sud-Kivu serait la prochaine cible de l'alliance entre le Pouvoir hutu et les mobutistes. Il ne se trompait pas. Vivaient dans la province environ quatre cent mille Tutsi zaïrois, les Banyamulenge — les gens de Mulenge —, appelés ainsi parce que leurs ancêtres s'étaient d'abord établis à Mulenge après avoir émigré du Rwanda aux XVIIe et XVIIIe siècles. Depuis la création des camps de l'ONU pour les Hutu rwandais en 1994, les Banyamulenge étaient de plus en plus souvent victimes de vols de bétail et d'une campagne de harcèlement et de propagande hostile. Les autorités zaïroises ne tardèrent pas à les qualifier ouvertement de « serpents » et à prendre des mesures pour les dépouiller de leurs terres — radios et journaux locaux évoquaient toujours davantage les médias du Pouvoir hutu avant le génocide.

La violence organisée contre les Banyamulenge commença au début de septembre 1996. Les forces du Pouvoir hutu et des mobutistes, auxquelles s'étaient jointes des milices locales, entreprirent alors de saccager les maisons, les entreprises et les églises, d'arrêter, d'exécuter ou d'expulser les Tutsi vers le

Rwanda. Et les autorités d'applaudir lorsque des Banyamulenge étaient lynchés dans la rue. Bien qu'il y eût des équipes de l'ONU et des ONG dans la région, la communauté internationale resta muette. Mais contrairement aux Tutsi du Nord-Kivu, qui mouraient ou partaient en exil sans résistance, les Banyamulenge, souvent armés, ripostèrent aux attaques, infligeant de lourdes pertes à leurs agresseurs. Parallèlement, des centaines de combattants récemment formés au Rwanda et bien équipés commencèrent à s'infiltrer au Zaïre. Devant l'intensification et l'extension des affrontements, les humanitaires désertèrent la plus grande partie du Sud-Kivu, abandonnant à leur sort ceux qu'ils prétendaient vouloir protéger.

Puis, le 8 octobre, Lwasi Ngabo Lwabanji, vice-gouverneur du Sud-Kivu, proclama que tous les Banyamulenge résidant dans la province avaient une semaine pour déguerpir. Après quoi, ils seraient considérés comme des rebelles en guerre avec le Zaïre. Nul doute que Lwasi ait fait du zèle : même au Zaïre, déclarer la guerre ne relevait pas des fonctionnaires de son rang. Son ultimatum était néanmoins dans la ligne des attitudes et des pratiques officielles du pays. Si Mobutu, chez qui on venait de diagnostiquer un cancer de la prostate, se faisait alors soigner en Suisse, il dirigeait le Zaïre de loin depuis si longtemps que sa cour continuait de fonctionner comme à l'accoutumée : deux jours après l'ukase de Lwasi, un porte-parole du gouvernement déclarait à Kinshasa : « Il est vrai que nous voulons tous le départ des Banyamulenge. »

C'était une occasion de ce genre qu'espérait Kagame. « Nous étions prêts à les frapper, me dit-il plus tard, à les frapper très fort — pour régler trois problèmes : d'abord sauver les Banyamulenge et ne pas les laisser mourir, leur donner les moyens de combattre et même combattre pour eux ; ensuite démanteler les camps, rapatrier les réfugiés au Rwanda et détruire les ex-FAR et les milices ; et enfin transformer la situation au Zaïre. » Il attendait simplement la provocation majeure du Zaïre qui lui paraissait inévitable. « Et, bien sûr, ce stupide vice-gouverneur zaïrois nous en a donné l'occasion. »

Ainsi le minuscule Rwanda attaqua-t-il l'énorme Zaïre ; les Banyamulenge se soulevèrent ; les commandos de l'APR et le noyau armé de Laurent-Désiré Kabila — l'Alliance des forces démocratiques pour la libération du Congo-Zaïre (AFDL) — s'enfoncèrent dans le Sud-Kivu et remontèrent vers le nord ; l'armée de Mobutu, célèbre pour sa lâcheté, s'enfuit en désordre ; les travailleurs humanitaires furent évacués et les camps dispersés. Le 2 novembre 1996, trois semaines et demie après que le vice-gouverneur Lwasi eut proclamé la guerre civile, l'AFDL et l'APR entraient dans Goma, et Kabila proclamait « territoire libéré » une zone de quelque trois mille kilomètres carrés. (Si le gouvernement rwandais se réjouissait ouvertement de ces événements, il nia catégoriquement que le moindre soldat de l'APR fût entré au Zaïre jusqu'au début de juin 1997, plusieurs semaines après que les forces de l'AFDL se furent emparées de Kinshasa et eurent chassé Mobutu du pouvoir. C'est alors seulement que

Kagame me déclara : « C'étaient partout nos forces, nos troupes — cela fait huit mois qu'elles avancent. »)

Des milliers de Rwandais des camps regagnèrent leur pays pendant les premières semaines des combats au Zaïre, mais au début de novembre, l'immense majorité — au moins sept cent cinquante mille personnes venant du Nord- et du Sud-Kivu — était rassemblée sur le vaste champ de lave dans le camp de Mugunga et ses alentours, à une quinzaine de kilomètres à l'ouest de Goma. Ils avaient échoué là, poussés par les ex-FAR et les *interahamwe*, ou chassés par l'offensive de l'Alliance, ou parfois même, si incroyable que cela paraisse, sur les conseils de certains employés du HCR, avant qu'ils ne quittent eux-mêmes le pays. Après la prise de Goma, Kabila avait déclaré un cessez-le-feu et demandé aux organisations humanitaires internationales de venir évacuer les réfugiés pour qu'il pût poursuivre son avance vers l'ouest. Naturellement Mugunga était totalement inaccessible, derrière le front puissamment armé que formaient des dizaines de milliers de combattants du Pouvoir hutu et des forces mobutistes. Or c'était précisément ce que voulaient démontrer Kabila et ses protecteurs rwandais : pour écarter les réfugiés du danger, il fallait être prêt à se battre. Ce qu'il fallait, ce n'était pas une mission de secours, mais une opération de sauvetage, parce que à Mugunga les non-combattants n'étaient pas tant des réfugiés que des otages, servant de bouclier humain.

Ce fut un autre moment très étrange. Tout au long des neuf premiers mois de 1996, le fait que dans l'est

du Zaïre le Pouvoir hutu et les mobutistes massacraient des milliers de gens et en chassaient des centaines de milliers de chez eux n'avait guère passionné, c'est le moins qu'on puisse dire, la presse internationale : pendant toute cette période, le *New York Times* n'avait publié qu'une dépêche, datée du Rwanda, sur la question, tandis que son concurrent, le *Washington Post*, faisait paraître deux « tribunes libres », proposées par des pigistes. Que des réfugiés non seulement souffrent et aient besoin d'aide mais soient aussi capables de crimes systématiques contre l'humanité, et qu'il puisse falloir recourir contre eux à la force armée passait peut-être pour trop technique ou trop déroutant à une époque où les informations étrangères ont été considérablement réduites. Au début de novembre, néanmoins, la perspective de voir sept cent cinquante mille de ces réfugiés mourir en masse, au cours d'un siège ou d'une bataille dans les champs de lave, attira de nouveau une meute de plusieurs centaines de journalistes à la frontière zaïro-rwandaise. Goma était redevenu l'événement international du moment — et rien ne se passait.

Personne ne pouvait se rendre à Mugunga et personne ne savait dans quelles conditions vivaient les gens qui y étaient rassemblés. Les attachés de presse des organisations humanitaires assuraient aux journalistes que les réfugiés devaient y souffrir d'une effroyable famine et du choléra. On inventait et on annonçait des bilans possibles : des dizaines de milliers de morts, peut-être cent mille. Il était extrêmement déplaisant d'être installé dans un hôtel au bord

du lac, dans la petite ville frontière rwandaise de Gisenyi, entouré de reporters, et de penser qu'à moins d'une vingtaine de kilomètres à l'ouest, hors de vue et hors d'atteinte, des gens périssaient en masse de la mort la plus évitable. Et on se sentait encore plus mal à l'aise en songeant que peut-être la situation n'était pas réellement si catastrophique. Si l'on demandait aux porte-parole des organisations humanitaires quand, dans l'histoire, des gens jusqu'alors bien nourris étaient morts de faim en quelques semaines, soit on n'obtenait aucune réponse, soit on s'entendait expliquer que la plupart des réfugiés de Mugunga étaient *des femmes et des enfants*.

De New York, le secrétaire général des Nations unies, Boutros Boutros-Ghali, décréta qu'un « génocide par famine » se déroulait à Mugunga. Boutros-Ghali n'avait aucune preuve que personne eût seulement faim, et il ne pouvait assurément pas dire qui commettait ce prétendu génocide, puisque, si les réfugiés étaient effectivement affamés, c'étaient que d'autres « réfugiés » les empêchaient de partir. Devant ces rapports de famine et d'hécatombes, le Conseil de sécurité n'en commença pas moins à préparer un projet d'intervention militaire humanitaire à Goma, destiné censément à libérer les otages de Mugunga. Initiative encourageante, jusqu'à ce qu'il apparût que le mandat des casques bleus risquait fort de leur interdire la seule mesure indispensable : le recours à la force pour affronter, désarmer ou, si nécessaire, neutraliser l'armée et les milices du Pouvoir hutu.

Le 15 novembre 1996, à neuf heures du matin, dans une maison de Gisenyi dominant Goma, j'écoutais les informations de la BBC en prenant des notes :

> Le commandant de la force canadienne de l'ONU souligne que ses hommes ne désarmeront ni ne sépareront les militants présents à Mugunga. La résolution adoptée par l'ONU la nuit dernière ne précise pas comment on nourrira les réfugiés tout en les encourageant simultanément à regagner le Rwanda. Des soldats partiraient des bases de Goma pour rechercher et nourrir les réfugiés, mais l'ONU dit qu'elle ne rétablira pas les camps. « Séparer les miliciens impliquerait un niveau de violence trop élevé, indique le commandant, et non seulement des soldats seraient tués mais aussi des innocents. »

Je notai également les impressions que me suggéraient ces informations :

> Encore une force impuissante des Nations unies. Des innocents se font tuer, se sont fait tuer et vont continuer à mourir, quel que soit le déroulement des opérations. Et comment peut-on nourrir des centaines de milliers de gens, leur creuser des trous pour qu'ils y chient, leur donner des feuilles de plastique pour qu'ils construisent

> des abris, et dire qu'on n'a pas établi un camp ? En tout état de cause, pourquoi envoyer une armée dans un endroit pour lequel on n'est pas prêt à tuer et à mourir ? Paralysie totale.

Puis j'écoutai Radio Star, la « voix du Congo libéré », organe des rebelles émettant de Goma, en prenant aussi des notes :

> La route de Mugunga et de l'ouest est ouverte. Les *interahamwe* sont en fuite. « Le problème est entièrement réglé. » Les réfugiés rentrent à pied au Rwanda. La rébellion poursuit son avance vers Kinshasa.

Cette fois-ci, mes impressions se réduisirent à quelques mots : « Vraiment ? Est-ce possible ? »

Je sortis en hâte de la maison, sautai dans ma voiture et gagnai la frontière puis, de l'autre côté, Goma. Je me retrouvai ensuite sur la route de Mugunga et du camp, en train de remonter au pas un flot de Rwandais, des centaines de milliers, qui marchaient vers l'est, rentraient chez eux. Au cours des jours précédents, l'AFDL et l'APR avaient repris l'offensive, encerclant Mugunga et l'attaquant par l'arrière, afin d'attirer les éléments armés à l'opposé de la frontière tout en repoussant la masse des réfugiés vers le Rwanda. Le principal témoignage de la bataille se trouvait à une trentaine de kilomètres au-delà du camp lui-même : une file de camions, d'autocars et de

voitures explosés tournés vers l'intérieur du Zaïre. Des quantités de papiers voletaient tout autour, et notamment des archives du haut commandement des ex-FAR : reçus d'armes expédiées par des intermédiaires de toute l'Europe, statuts d'organisations politiques rassemblant les réfugiés, registres recensant les impôts prélevés dans les camps, relevés de transactions financières avec les organisations humanitaires, correspondance avec Mobutu et ses généraux — jusqu'à des listes méticuleusement calligraphiées de Tutsi du Nord-Kivu.

Tandis que le rapatriement se poursuivait, des informations concordantes indiquaient que les ex-FAR et les *interahamwe* battaient en retraite vers le centre du Zaïre avec les débris de l'armée mobutiste, laissant les réfugiés « ordinaires » regagner le Rwanda. La réalité n'était pas aussi radieuse : parmi les gens qui s'étaient enfoncés dans la jungle zaïroise — cent cinquante mille personnes, peut-être deux fois plus, nul ne le savait — il y avait de nombreux non-combattants, tandis que force génocidaires s'étaient mêlés aux Hutu rentrant chez eux. Mais la menace immédiate d'une reprise de la guerre totale au Rwanda avait disparu, et — par bonheur — il s'avéra que les réfugiés n'étaient pas morts de faim entre-temps.

Tout le long de la route menant à Mugunga et dans les décombres infestés de rats du camp lui-même, je trouvai des humanitaires qui s'émerveillaient de constater que la plupart des réfugiés avaient encore de quoi manger pendant plusieurs jours, ainsi que la force de parcourir vingt-cinq à trente kilomètres par

jour d'un bon pas, en coltinant d'impressionnants fardeaux sous un soleil de plomb. À la fin de novembre, quelque sept cent mille exilés avaient regagné leurs pénates, tandis que d'autres continuaient d'affluer par milliers. Si le gouvernement rwandais continuait de démentir formellement toute intervention militaire au Zaïre, le général Kagame se montrait moins catégorique. « Dans la mesure où nous ne sommes pas nécessairement mécontents de ce qui se passe — d'autant que cela va dans le sens de notre attente —, on serait assurément fondé à soupçonner notre engagement, me dit-il. Nous avons la satisfaction, ajouta-t-il, d'avoir toujours essayé de faire ce qui nous semblait juste. Il ne peut y avoir pour moi de plus grande satisfaction. Je crois que c'est une bonne leçon pour certains d'entre nous. Nous pouvons accomplir par nous-mêmes beaucoup de choses pour nous-mêmes, et nous devons continuer de lutter pour y parvenir. Si on veut nous aider, tant mieux. Sinon, nous ne nous laisserons pas balayer comme ça de la surface de cette terre. »

Pendant toutes ces journées sur les routes au milieu des six cent mille réfugiés regagnant leur pays, une image — souvenir ou télescopage de toutes sortes de tableaux et de films — revenait sans cesse m'envahir : celle des armées napoléoniennes pendant la retraite de Russie — hussards claudicants et chevaux gelés, sang sur la neige, ciel de bitume, yeux fous braqués droit devant. Il faisait un temps plus clément en Afrique, et les gens sur la route étaient pour la plupart en bonne

santé, mais cette image récurrente d'une autre époque et d'une autre contrée me faisait me demander pourquoi nous — les Occidentaux d'aujourd'hui — avions si peu de respect pour les guerres des autres. La vaste migration de ces Rwandais marquait la déroute, au moins provisoire, d'une immense armée vouée au génocide, que le monde entier avait néanmoins secourue pendant des années au nom de l'humanitarisme.

« Nous n'étions pour vous que des points noyés dans la masse », me fit remarquer un rapatrié, alors que je remontais depuis des jours le flot bouillonnant de réfugiés sur la route de Mugunga. Ils avaient toujours juré, dans les camps, qu'ils rentreraient chez eux comme ils en étaient partis — en masse, comme un seul homme. Être des points noyés dans la masse, tel était précisément le but : empêcher de savoir qui était qui. Ils se déversaient au rythme de douze mille à l'heure (deux cents à la minute) : bélier humain pointé vers la frontière. Mais loin d'être l'invasion triomphale promise depuis longtemps par les dirigeants extrémistes hutu, c'était une retraite, effectuée dans un silence presque absolu. À un moment, au milieu des hommes, des femmes et des enfants qui s'écoulaient sur quatre-vingts kilomètres de goudron, poussant des bicyclettes, des brouettes, des motos et même des automobiles, remorquant des caisses en bois comme autant de traîneaux, coltinant d'énormes paquets sur la tête, portant des bébés en bandoulière ou dans leurs bras, trimbalant des malles et des bouteilles de bière vides, et parfois rien d'autre que le fardeau de leur passé, surgirent quatre hommes qui soutenaient sur un bran-

card une forme enveloppée d'une couverture. Tandis qu'ils se frayaient un chemin parmi la cohue compacte, l'un d'eux répétait : « Un cadavre, un cadavre. » Ce cri détonnait. Hormis le cliquetis des marmites, le bruissement des pieds nus ou des sandales en caoutchouc, et la plainte occasionnelle d'une chèvre ou d'un enfant perdu, la foule des rapatriés marchait dans un silence pesant.

De retour au Rwanda, ils se plantaient par milliers au bord de la route, pour regarder des heures durant, avec la même intensité muette, couler le torrent des autres rapatriés. Jamais auparavant, de mémoire d'homme, un peuple qui avait exterminé un autre peuple, ou au nom duquel le massacre avait été commis, ne s'était ainsi vu contraindre de vivre avec les rescapés de son carnage, intimement mêlé à eux dans les mêmes minuscules communautés, pour reformer une société nationale homogène et soudée.

20

« Un certain Girumuhatse est de retour », m'annonça une vieille femme dans les montagnes du Rwanda central, quelques semaines après le rapatriement en masse des réfugiés de Goma. Elle s'exprimait en kinyarwanda, et en disant ces mots, d'un geste plein de grâce, elle se frappa le cou du tranchant de la main droite. « C'est un homme, poursuivit-elle, qui m'a battue pendant la guerre avec un bâton et de qui j'ai aussi reçu un coup de machette. Cet homme m'a jetée dans un fossé après avoir massacré toute ma famille. J'étais blessée. Il est rentré chez lui. Je l'ai vu hier au bureau du village après qu'il s'est fait enregistrer. Je lui ai dit : "Regarde, je suis ressuscitée d'entre les morts", et il a répondu : "C'était l'enfer", et il m'a demandé pardon. "C'est la faute des autorités qui nous ont poussés à agir ainsi, dans leur propre intérêt", a-t-il ajouté. Il a dit qu'il le regrettait et m'a demandé pardon. »

Cette femme s'appelait Laurencie Nyirabeza. Elle était née en 1930, dans le village de Taba, à quelques minutes à pied de l'endroit où nous nous étions ren-

contrés, à l'ombre d'une halle déserte au sommet d'une colline, dominant un petit centre commercial — deux brèves rangées d'échoppes en ciment et en adobe de part et d'autre d'un chemin de latérite poudreuse. L'endroit qui, deux fois par semaine, les jours de marché, grouillait de monde, avait l'air d'une ville fantôme. La carcasse rouillée d'un autocar brûlé gisait au bord de la route, et d'épais buissons jaillissaient des ruines d'une vaste demeure qui avait appartenu à des Tutsi, massacrés en 1994.

La plupart des Tutsi de Taba avaient été tués à ce moment-là. Les rescapés, comme Nyirabeza, se sentaient très seuls, et presque tous avaient perdu leur maison. Sans ressources pour la reconstruire et redoutant de vivre parmi des voisins dont ils ne se rappelaient que trop bien la conduite durant le carnage, nombre de survivants s'étaient réfugiés là et squattaient les boutiques laissées vides par des Tutsi morts ou par des Hutu qui s'étaient enfuis au Zaïre. Ils craignaient maintenant de se faire expulser. Depuis deux semaines, plus de deux mille personnes exilées dans les camps du Zaïre étaient revenues à Taba, et parmi celles-ci l'homme, Girumuhatse, dont Laurencie Nyirabeza disait qu'il avait massacré sa famille en la laissant, elle, pour morte.

Petite, les yeux profondément enfoncés dans un visage prognathe, Nyirabeza avait les cheveux relevés en une sorte de couronne haute d'une quinzaine de centimètres. Cette coiffure produisait un effet à la fois imposant et malicieux, qui correspondait bien à ses manières. Plus d'une douzaine de rescapés avaient

accepté de me rencontrer dans cette halle, mais la plupart restaient silencieux. La voix de ceux qui parlaient s'élevait rarement au-dessus d'un murmure furtif, et chaque fois qu'un passant approchait ils se taisaient. Pas Nyirabeza. Pas question pour elle de chuchoter ou de se faire toute petite. Elle donnait l'impression de n'avoir plus grand-chose à perdre. Même lorsqu'elle me parlait de Girumuhatse, ses lèvres se plissaient parfois en un sourire, et plus d'une fois ses propos déclenchèrent un rire tendu chez les autres rescapés. Elle n'était, dit-elle, qu'« une simple paysanne » ; elle n'avait fait que trois ans d'école primaire. Mais, pleine de fougue, grinçante, hérissée par l'indignation du préjudice subi, elle avait le sens des mots. Elle était pourtant restée muette quand Girumuhatse, son ancien voisin, avec qui elle partageait autrefois le boire et le manger, avait prétendu qu'il n'était pas responsable de ses actes. Girumuhatse avait tué dix membres de sa famille, me dit-elle, essentiellement ses enfants et ses petits-enfants.

« Cet homme qui est responsable de ses actes, protesta Nyirabeza, vit aujourd'hui avec tous les siens et récupère tous ses biens, tandis que moi je reste seule, sans enfant, sans mari. » Puis elle ajouta — suscitant l'une de ces petites cascades de rire dont j'ai parlé : « Peut-être va-t-il continuer ces actes d'extermination. » Le pardon que demandait Girumuhatse lui fit hausser les épaules. « S'il peut ramener mes enfants qu'il a tués et reconstruire ma maison, à la rigueur. » Les survivants rirent de nouveau.

Puis un homme dit d'un ton las : « Nous allons

vivre ensemble comme autrefois », et Nyirabeza s'éloigna. Un instant après une femme se mit à pleurer, cachant son visage dans sa robe. Une autre femme, très vieille et qui s'appuyait sur un bâton long et mince, tendit les mains et fit le geste de battre des ailes : « Nous sommes comme des oiseaux, dit-elle avec un sourire lointain. Nous voletons çà et là, au gré du vent. »

En redescendant de la colline, je trouvai Nyirabeza accroupie sur une pierre, qui contemplait la vallée. Elle ne leva pas les yeux quand je lui dis au revoir. Un jeune fonctionnaire, survivant lui aussi, qui me servait d'interprète, me dit que les gens, dans l'ensemble, n'aimaient pas venir au centre commercial. « C'est triste, et les rescapés leur demandent des choses. »

Il était vrai que les rescapés avaient de grandes exigences. « Je n'attends que la justice », avait notamment déclaré Nyirabeza.

Que Girumuhatse n'eût pas nié avoir attaqué Laurencie Nyirabeza m'avait surpris. Depuis le temps que je venais au Rwanda, je n'avais jamais rencontré personne qui ait reconnu avoir participé au génocide. Je voulais entendre ce que Girumuhatse avait à dire pour sa défense, et deux jours plus tard je revins à Taba avec Bosco, fleuriste au chômage qui parlait français et avait accepté de m'accompagner comme traducteur. Nous allâmes d'abord trouver Nyirabeza, parce qu'elle avait laissé entendre que Girumuhatse pourrait encore vouloir la tuer. Mais, refusant de se laisser intimider, elle demanda à une jeune femme de nous

accompagner pour nous indiquer la maison de Girumuhatse — une habitation d'adobe entourée de murs, surplombant un coteau abrupt planté de bananiers, à une centaine de mètres de l'échoppe abandonnée où vivait Nyirabeza.

Un homme était assis dans l'entrée. Il venait de rentrer du Zaïre avec sa famille et dit qu'il habitait cette maison en 1994, lorsque, selon son expression, « il y avait eu beaucoup de meurtres ». À son retour, il y avait trouvé une famille de rescapés tutsi. Il savait que le gouvernement accordait quinze jours aux rapatriés pour expulser les squatters, mais ceux-ci n'ayant nulle part où aller, les deux familles vivaient ensemble. Le jeune homme dit qu'il s'appelait Emmanuel Habyarimana. Je lui demandai s'il y avait d'autres hommes dans le voisinage qui étaient revenus du Zaïre. « Aucun qui vive dans les maisons alentour », répondit-il.

Tandis que Bosco et moi regagnions la route à pied, un groupe d'enfants nous entoura, et nous leur demandâmes s'ils connaissaient Girumuhatse. Ils répondirent en riant qu'il habitait la maison dont nous sortions et qu'il était probablement à l'intérieur. « Non, dit une petite fille, le voilà là-bas. » Elle désigna une silhouette dans la vallée qui gravissait un sentier dans notre direction. Bosco distribua quelques billets et envoya les enfants s'acheter des sodas.

Pendant un moment, l'homme parut vouloir s'éloigner. Il coupa à travers champs, mais lorsque Bosco le héla et le salua il revint sur le sentier, d'une démarche allongée et chaloupée. Il portait une sorte de

blouse sale en toile, ouverte sur une fine chemise bleue, un pantalon marron râpé et des sandales taillées dans de vieux pneus. Les yeux étroits et injectés de sang, la bouche pincée, il était devant nous de son plein gré mais donnait l'impression d'un homme acculé. Sa poitrine se soulevait et, bien que la journée fût fraîche, de la sueur perlait sur ses tempes et dégoulinait de son front.

Bosco engagea la conversation. L'homme dit qu'Emmanuel, que nous venions de rencontrer, était son fils, et que c'était bon de rentrer chez soi. Nous parlâmes de la vie dans les camps ; tous les Rwandais que j'avais rencontrés au Zaïre, lui dis-je, avaient nié le génocide, pour prétendre au contraire que depuis la fin de la guerre tous les Hutu étaient systématiquement massacrés au Rwanda. Par exemple, selon une rumeur qui circulait dans les camps du Zaïre, les femmes qui rentraient au Rwanda se faisaient couper les seins et les hommes étaient enfermés dans des sortes de chenils au sol couvert de plâtre humide qui durcissait ensuite autour des pieds. « Il arrive parfois, répondit l'homme, que des gens disent des mensonges et d'autres la vérité. Il y avait eu beaucoup de morts ici. »

Il se présenta comme Jean Girumuhatse. Je lui dis que son nom m'était familier parce qu'on racontait dans le village qu'il avait tué une famille entière. « C'est vrai. On dit que j'ai tué parce que j'étais le chef du barrage routier ici même. » Il montra l'endroit où la route passait le plus près de sa maison. « Actuellement, tout va bien, mais à l'époque l'État nous

ordonnait de tuer. On vous disait que vous aviez le devoir de faire ça, sinon vous seriez jeté en prison ou tué. Nous n'étions que des pions dans cette affaire. Nous n'étions que des instruments. »

Girumuhatse, qui se disait âgé de quarante-six ans, ne pouvait se rappeler aucun exemple de Hutu exécutés simplement parce qu'ils avaient refusé de tuer ; apparemment, la menace — tuer ou être tué — avait suffi pour assurer sa participation aux meurtres. Mais Girumuhatse avait dirigé un barrage ; loin d'être un pion, il avait occupé un rôle intermédiaire dans la chaîne de commandement locale — il poussait des pions. Il n'avait pas le choix, assura-t-il avant d'ajouter : « Dans la plupart des cas, j'ai été responsable des meurtres, parce que j'étais le chef, et maintenant que je suis de retour je vais tout raconter aux autorités. »

Lorsque le rapatriement massif du Zaïre commença le 15 novembre 1996, le gouvernement rwandais suspendit les arrestations des gens soupçonnés d'avoir participé au génocide. De tous les événements extraordinaires de ce mois-là, ce fut assurément le plus inattendu. Mais, de même qu'en 1994 la radio avait engagé la population à tuer, de même cette fois-ci elle expliqua la décision nouvelle. Tout le monde entendit, par exemple, que le président Bizimungu était allé à la frontière accueillir les rapatriés comme autant de frères et sœurs. Radio Rwanda diffusa à maintes reprises une version du message présidentiel et dans tout le pays on étudia ses paroles pour y adapter sa conduite.

Après avoir qualifié le retour en masse d'« immense joie pour tous les Rwandais », le président déclara : « Le peuple rwandais a été capable de vivre pacifiquement ensemble pendant six cents ans et il n'y a aucune raison qu'il ne puisse pas le faire de nouveau. » Puis, s'adressant directement aux massacreurs : « Laissez-moi faire appel à ceux qui ont choisi le chemin du meurtre et de l'affrontement, en leur rappelant qu'eux aussi sont rwandais. Je vous invite à abandonner vos attitudes génocides et destructrices pour donner la main aux autres Rwandais et faire meilleur usage de cette énergie. Une fois de plus, conclut-il, bienvenue chez vous. »

Mais pourquoi demander aux survivants de vivre côte à côte avec les tueurs — ou même, comme chez Girumuhatse, sous le même toit ? Pourquoi différer le moment d'affronter le problème ? Pour maintenir le calme, me dit le général Kagame. « Il ne faut pas nécessairement s'en prendre à ceux qui à votre avis le méritent. Peut-être vaut-il mieux créer d'abord une atmosphère où les choses se stabilisent, avant d'attaquer ceux que vous devez attaquer. Les autres, vous pouvez même les ignorer afin de pouvoir peu à peu mener une sorte de coexistence pacifique. » Kagame convenait que c'était beaucoup demander à son peuple ; et, après le retour, la troupe dut souvent arracher des tueurs présumés à la foule en colère pour les placer en état d'« arrestation protectrice ». Il ne serait pas facile d'équilibrer les exigences de justice et le désir d'ordre. « Entre ces deux intentions, il y a des problèmes, il y a les sentiments des gens. »

Dès qu'il m'avoua qu'il était un tueur, Girumuhatse cessa de transpirer. Sa respiration s'apaisa. Ses yeux s'éclaircirent et il parut désireux de continuer à parler. Un orage venait d'éclater et il pleuvait à seaux, nous allâmes donc nous asseoir dans ma jeep, garée à l'endroit même où se dressait le barrage routier de Girumuhatse pendant le génocide. Comme nous nous installions, il annonça qu'une des raisons pour lesquelles il s'était senti pris au piège pendant le génocide, c'était qu'on lui avait demandé de tuer sa femme, qui était tutsie.

« J'ai pu sauver ma femme parce que j'étais le chef », dit-il, ajoutant qu'il avait craint pour sa propre vie aussi. « Il fallait que je le fasse ou j'aurais été tué. Je me sens donc un peu innocent. Tuer ne venait pas de mon cœur. Si j'avais vraiment désiré tuer, je ne pourrais pas revenir maintenant. » Sa voix semblait étrangement à l'aise derrière le tambourinement de la pluie. Ne se sentait-il pas au moins un peu coupable ? C'est avec une parfaite impassibilité qu'il me dit : « Je connaissais bon nombre des gens que j'ai donné l'ordre de tuer. » Je lui demandai combien de morts il avait ordonnées. Il hésita et finit par répondre : « Je me souviens de six personnes qui ont été tuées sous mes yeux par mon ordre.

— Avez-vous jamais tué de votre propre main ?

— C'est possible. Parce que si je ne l'avais pas fait ils auraient tué ma femme.

— Possible ou certain ?

— Vous savez parfaitement ce qu'il veut dire », intervint Bosco, et il ne traduisit pas ma question.

Girumuhatse réitéra son intention de tout expliquer aux autorités. Tel qu'il le comprenait, on le laissait recouvrer ses biens et sa santé, « ensuite, dit-il, ils vont me convoquer ». Il n'avait pas peur. S'il racontait tout, croyait-il, il écoperait d'« un châtiment réduit » : « Les autorités comprennent que beaucoup n'ont fait que suivre les ordres. »

Girumuhatse, quant à lui, comprenait presque parfaitement la politique du gouvernement. Trois mois auparavant, après pratiquement un an de débats, le Parlement rwandais avait adopté une loi spéciale sur le génocide qui classait la responsabilité selon la position du coupable dans la hiérarchie homicide, et offrait des réductions de peine aux moindres criminels qui avouaient leur faute. Bien que tous les meurtriers soient passibles de la peine de mort, selon le code pénal du pays, la loi sur le génocide ne réservait l'exécution qu'aux élites appartenant à la catégorie numéro un : « Planificateurs, organisateurs, instigateurs, contrôleurs et dirigeants [...] au niveau de la nation, de la préfecture, de la commune, du secteur ou de la cellule », ainsi que les « meurtriers notoires qui se sont distingués par l'ardeur ou la cruauté excessive avec laquelle ils ont commis des atrocités », et les auteurs d'« actes de torture sexuelle ». Pour les innombrables tueurs ordinaires et leurs complices — les suiveurs —, la peine maximum de prison à vie pourrait, après avoir fait une confession valide et plaidé coupable, être diminuée jusqu'à sept ans. Les condamnations pour atta-

ques non mortelles et crimes contre les biens étaient pareillement réductibles.

Girumuhatse avait donc bien assimilé l'esprit de la nouvelle loi. « Si cela peut s'achever ainsi et qu'après avoir été puni je puisse rentrer chez moi et reprendre mon existence, je l'accepterai, me dit-il. Si la vengeance peut prendre fin dans ce pays et que les malfaiteurs soient châtiés, ce serait le mieux. » Ce qu'il ne semblait pas saisir, en revanche, c'était que son rôle de chef pendant le génocide le plaçait fermement dans la première catégorie, où une confession ne permettait pas d'échapper à la peine de mort.

Alors même qu'il s'apprêtait à tout dire, Girumuhatse imputait ses crimes à l'ancien maire de Taba, Jean-Paul Akayesu, traqueur implacable de Tutsi qui l'avait placé à la tête du barrage routier. Arrêté en 1995 en Zambie, Akayesu avait été traduit pour génocide en 1997 devant le Tribunal pénal international pour le Rwanda, et, après d'innombrables manœuvres dilatoires, le verdict était attendu pour l'été de 1998. Devant la cour, Akayesu avait lui-même accusé ses supérieurs de tous les meurtres de Tutsi innocents en 1994 au Rwanda.

« Le génocide était comme un rêve, me dit Girumuhatse. Il a surgi du régime comme un cauchemar. » Depuis lors, semblait-il, il ne s'était pas tant éveillé que replongé dans un nouveau rêve, où sa confession et son enthousiasme opportun pour la réforme du Rwanda — « Le nouveau régime est excellent. Il n'y a pas de morts. Nous avons été surpris par le bon accueil. Il y a un ordre nouveau » — n'exigeaient nul

changement essentiel de politique ou d'attitude. Il demeurait un intermédiaire, aspirant à devenir un citoyen modèle et à en récolter les bénéfices. Quand les autorités lui disaient de tuer, il tuait, et quand elles lui disaient d'avouer, il avouait.

Entre deux visites à Taba, je m'entretins à Kigali avec un travailleur humanitaire qui revenait tout juste de l'ouest de la Tanzanie, où près de cinq cent mille Hutu rwandais vivaient encore dans des camps de réfugiés. (Un mois après, à la mi-décembre 1996, la Tanzanie ferma les camps et renvoya leurs occupants au Rwanda, où près d'un million et demi de Hutu avaient été rapatriés en six mois.) Pendant sa visite dans les camps, il avait entendu dire que les enfants y avaient inventé un jeu : ils fabriquaient des figurines de terre et les posaient sur la route pour qu'elles se fassent écraser. Ces personnages représentaient des Tutsi, et chaque fois que l'un d'eux se faisait renverser les enfants applaudissaient parce qu'ils croyaient avoir ainsi fait mourir un Tutsi au Rwanda. L'humanitaire me raconta cette histoire comme une sorte de parabole. Elle lui faisait se demander si le Rwanda n'était pas inéluctablement voué à subir une nouvelle hécatombe.

Cette possibilité n'était que trop évidente. Le gouvernement du Rwanda depuis le génocide avait misé toute sa crédibilité sur le fait que les massacres systématiques entre Tutsi et Hutu étaient évitables. Le retour massif des camps, qu'il présentait comme un triomphe, allait mettre sérieusement à l'épreuve cette prétention. Kagame, comme toujours, jugeait la vic-

toire incomplète. « Oui, les gens sont rentrés. C'est un problème de réglé, mais cela crée maintenant un autre problème que nous devons aussi résoudre. » Et de m'énumérer toute une série de difficultés : le logement, la justice, l'économie, l'éducation, la démobilisation de milliers de soldats des ex-FAR rentrant d'exil, et surtout « cette question ethnique ».

Quelques mois auparavant, peu avant le début des combats au Sud-Kivu, Kagame m'avait raconté deux histoires sur les soldats de son armée. L'un d'eux lui avait récemment envoyé une lettre « dans laquelle, dit-il, il me racontait qu'il avait perdu toute sa famille, qu'il savait que des gens avaient massacré les siens pendant le génocide, et qu'il avait décidé de n'en juger personne d'autre responsable. Il préférait mettre fin à sa propre vie parce qu'elle n'avait plus aucun sens pour lui ». La lettre avait été trouvée après le suicide du soldat. Kagame en donna cette interprétation : « Il avait l'intention de tuer quelqu'un, mais au lieu de le faire il a décidé de se tuer. » L'autre histoire était celle d'un officier qui avait tué trois personnes et blessé deux autres dans un bar. Aux soldats qui s'apprêtaient à l'abattre, il avait déclaré : « Permettez-moi de vous raconter mon problème, et vous pourrez me tuer ensuite. » Les soldats arrêtèrent alors l'officier et il leur dit : « Je vois partout des tueurs qu'on laisse vivre et se balader librement sans que personne fasse rien contre eux. Eh bien, j'ai décidé que je ne pouvais plus le supporter, alors je les ai tués. Maintenant allez-y et faites de moi ce que vous voudrez. »

« Imaginez ce qui a pu se passer dans l'esprit de cet

homme, dit Kagame. Je ne sais pas. Il aurait pu aller sur un marché et mitrailler une centaine de personnes. Il aurait pu tuer n'importe qui — lui qui n'a même pas peur de mourir. Les gens croient que c'est un problème que nous aurions dû surmonter et oublier, mais non, non, non et non : nous avons affaire ici à des êtres humains. »

J'avais entendu bien d'autres histoires de ce genre, sur les tentations de la vengeance, la délivrance de la vengeance, l'insatisfaction de la vengeance. À l'évidence, de nombreux rescapés ne pensaient pas comme Kagame qu'il fût possible de réhabiliter quelqu'un qui avait suivi la logique du génocide. Aussi, après le rapatriement du Zaïre, lui demandai-je s'il croyait encore que les tueurs pouvaient être réintégrés avec succès dans la société. « Je crois qu'on ne peut y renoncer, me répondit-il. Ces gens peuvent apprendre. Je suis sûr que n'importe quel individu, à un niveau ou un autre de ses projets, veut un peu de paix, veut progresser d'une certaine manière, même s'il est un paysan ordinaire. Par conséquent, si nous pouvons leur présenter le passé en leur disant : "Voilà le passé qui vous a causé tous ces problèmes, et voici la manière d'en éviter le retour", je crois que cela les transformera mentalement. Et je crois que certains peuvent même tirer profit du pardon, peuvent recevoir une nouvelle chance. »

Kagame dit aussi : « Nous n'avons pas le choix. »

Sur la route de Taba, quelques jours après notre rencontre avec Girumuhatse, Bosco me demanda si

j'avais entendu parler de la fille qui avait récemment été brûlée vive à Kigali. Non. C'était une fille — une jeune femme, en réalité, de l'âge de Bosco, qui d'ailleurs la connaissait — qui, un soir dans une discothèque, refusa de danser avec un type. Il lui dit qu'elle le regretterait. Elle éclata de rire. Il insista. Elle lui demanda de s'en aller, de la laisser tranquille ; elle lui dit qu'il était fou. Il sortit, puis revint avec une bonbonne d'essence et une allumette. Il y eut quatre morts. Le soupirant évincé, brûlé lui aussi, dut être hospitalisé. Quand on lui demanda pourquoi il avait tué quatre personnes, il répondit que ce n'était rien pour lui après ce qu'il avait fait en 1994 — il pouvait en tuer autant qu'il voulait.

Bosco s'étonna que, journaliste, je n'aie jamais eu vent de cette histoire. Je crois que je répondis d'un ton un peu ennuyé, moins en journaliste qu'en consommateur de journalisme américain : les histoires de psychopathes qui se déchaînent dans les endroits publics ne suscitent plus guère dans l'opinion qu'un sentiment lointain de menace vague, un peu comme la foudre, les chauffards ivres ou les chutes de cheminées. Une de mes arrière-grand-mères a été tuée à quatre-vingt-quinze ans par un pot de géraniums tombé du rebord d'une fenêtre, et bien que cela puisse aussi m'arriver, le risque ne me paraît pas plus proche parce que ça lui est advenu à elle. Mais l'histoire de Bosco était différente. Au Rwanda, une personne qui dit : « C'est à cause du génocide que j'ai fait ça », donne à la société tout entière un sentiment de danger absolu.

La petite-fille de Laurencie Nyirabeza, Chantal Mukagasana, m'expliqua la même chose. J'aurais voulu entendre la réaction de Nyirabeza au récit de Girumuhatse, mais elle était d'humeur taciturne quand je retournai à Taba, et Chantal, maigre jeune femme de trente-trois ans qui avait perdu son mari et quatre de ses cinq enfants — Marie, Marthe, Marianne et Jonathan — pendant le génocide, combla le silence. « Même s'il se confesse, c'est un imposteur, dit-elle de Girumuhatse. Il ment s'il dit qu'il n'a fait qu'obéir aux ordres. » C'était, assura-t-elle, un tueur déterminé de Tutsi. Il avait assisté au massacre des parents de sa femme « juste pour le plaisir de les voir mourir », et quand il avait surpris sa femme à nourrir son frère, il avait essayé de le tuer lui aussi.

Nyirabeza avait accusé Girumuhatse d'avoir tué dix de ses proches. Chantal le jugeait responsable du massacre de vingt-sept membres de sa famille. Il était le chef et il prenait part aux meurtres, avec une petite houe. Chantal ne s'était enfuie avec Alphonsine, sa fille d'un mois, sur le dos, que parce que le matin de l'hécatombe elle avait vu Girumuhatse tuer un de ses cousins à elle, Oswald, à coups de machette. Après cela, elle s'était réfugiée dans la maison voisine de sa marraine, une Hutue. Alors qu'elle s'y trouvait, elle avait entendu Girumuhatse entrer et demander une tasse de thé — pour lui donner la force, dit-il, de tuer le père de Chantal. Le fils de sa marraine, qui était l'un des complices de Girumuhatse, « est allé aiguiser sa machette derrière la maison, mais sa mère lui avait interdit de me tuer ». Par la suite, sa marraine lui dit

que son fils avait tué la mère de Chantal. Et voilà que la marraine et son fils venaient de rentrer du Zaïre.

Tous les meurtres qu'avait évoqués Chantal s'étaient déroulés en quelques jours dans un petit pâté de maisons, sur la colline dont Girumuhatse avait le commandement. Elle rit quand je lui dis que Girumuhatse m'avait assuré n'avoir vu tuer que six personnes sur son ordre. « Oh, si je pouvais être confrontée avec lui », déclara-t-elle à un moment, mais à un autre elle dit : « Même si je le dénonçais, qu'est-ce que ça changerait ? »

Après le génocide, « j'ai dû me débrouiller toute seule pour me nourrir et m'habiller, et maintenant ces gens reviennent et on leur donne de la nourriture et une aide humanitaire ». C'était vrai. Si la communauté internationale avait dépensé plus d'un milliard de dollars dans les camps, le Rwanda dévasté avait dû mendier quelques centaines de millions, tandis que les dizaines de milliers de rescapés, campant dans les ruines, avaient été systématiquement ignorés. Une fois, me dit Chantal, quelqu'un avait distribué des houes aux survivants de Taba. « C'est tout. Point à la ligne. »

Il était impossible de donner aux survivants ce qu'ils voulaient réellement : leur univers perdu tel qu'il était « avant ». Mais fallait-il que ceux qui avaient le plus souffert du génocide demeurent les plus négligés ensuite ? Bonaventure Nyibizi craignait particulièrement que les jeunes rescapés ne deviennent des extrémistes à leur tour. « Disons que nous avons cent

mille jeunes qui ont perdu leur famille et n'ont aucun espoir, aucun avenir. Dans un pays comme le nôtre, si on leur dit : "Va tuer ton voisin parce qu'il a tué ton père et tes sept frères et sœurs", ils prendront la machette et le feront. Pourquoi ? Parce qu'ils n'envisagent pas l'avenir avec optimisme. Si vous dites : le pays doit se diriger vers la réconciliation, mais qu'en même temps il oublie ces gens-là, que va-t-il se passer ? Quand ils se promènent dans la rue, on ne se rend pas compte de leurs problèmes, mais peut-être ont-ils vu leur mère ou leurs sœurs se faire violer. Il va falloir faire de sacrés efforts pour que ces gens reviennent dans la société et se tournent vers l'avenir en disant : "D'accord, on va essayer." »

Or cet effort n'était pas fait. Le gouvernement n'avait pas de programme pour les survivants. « Personne ne veut les aider », disait Claude Dusaidi, le conseiller de Kagame. Il entendait par là aucun donateur étranger, aucune organisation humanitaire. « Nous disons : "Donnez-nous l'argent et nous nous en chargerons." Ça n'intéresse personne. » Bonaventure, qui fut nommé par la suite ministre du Commerce, expliquait l'absence d'aide étrangère par le peu d'occasions d'investissement qu'offrait le Rwanda. « On ne peut compter sur la communauté internationale que si l'on est riche, et nous ne le sommes pas. Nous n'avons pas de pétrole, alors peu importe que nous ayons du courage ou que nous soyons des êtres humains. » Dusaidi, pour sa part, en concluait que la communauté internationale ne voulait pas reconnaître que le génocide avait vraiment eu lieu. « Ils souhaitent

que nous l'oubliions. Mais la seule manière de parvenir à l'oublier est d'aider les rescapés à retrouver une vie normale. Peut-être alors le processus de l'oubli pourra-t-il s'engager. »

Expression surprenante que « le processus de l'oubli ». Si depuis l'Holocauste la notion de génocide est inextricablement liée à l'obligation du souvenir, au Rwanda — où, me dit Pacifique Kabarisa, qui travailla pour l'organisation Droits africains, nombre de survivants du génocide « regrettent de n'avoir pas été tués » — on aspirait à l'oubli, comme symptôme d'un minimum de guérison, de la capacité de continuer à vivre. « Avant ce retour, me dit Chantal, nous commencions à oublier, mais maintenant c'est comme une blessure qui était en train de guérir et que quelqu'un est venu rouvrir. »

Pour la génération qui l'avait subie, il était impossible que la blessure pût entièrement se refermer. Tandis que les survivants protestaient que le gouvernement devait — et pouvait — faire davantage pour eux, et alors que les étrangers, soucieux de réconciliation, accusaient le gouvernement de se servir du génocide pour excuser ses insuffisances, les nouveaux dirigeants rwandais invitaient leurs compatriotes au stoïcisme. « Nous ne pouvons tout arrêter simplement parce que nous voulons privilégier la justice et faire en sorte que tous les participants à tous les niveaux rendent des comptes », me dit Kagame. Il était essentiel de maintenir un élan vers l'avant « pour ne pas retomber en arrière et dire : "Eh bien, ces Hutu ont tué, il faut donc les tuer ; ces Tutsi étaient les victimes

et ils doivent donc obtenir tout ce que la situation peut leur offrir de mieux." » Après avoir réfléchi un moment, il ajouta : « Je crois qu'il faut sérieusement réfléchir à la question de la rationalité. »

Quelques semaines après le retour massif du Zaïre, le moratoire sur les arrestations fut suspendu, puis bientôt entièrement abandonné, pour permettre l'incarcération des suspects de la catégorie numéro un, selon la loi sur le génocide. Gérald Gahima, secrétaire d'État à la Justice, me dit néanmoins que la plupart des massacreurs resteraient probablement en liberté. Rien qu'à Taba, où il y avait eu relativement peu d'exilés, l'inspecteur de police judiciaire estimait qu'au moins soixante suspects de catégorie numéro un étaient rentrés. Girumuhatse figurait sur sa liste, mais il ne savait pas grand-chose sur lui. « On dit qu'il a tué des gens », fit-il, et il me lut les noms de quelques-unes de ses victimes présumées, dont le même Oswald au meurtre duquel Chantal disait avoir assisté, et l'un de ses oncles qu'elle avait mentionné.

Jonathan Nyandwi, l'un des six cent quarante détenus pour génocide au poste de Taba, était mieux informé. Il tenait autrefois un bar près du barrage routier de Girumuhatse, et bien qu'il ait d'abord prétendu ne pas savoir si ce dernier était un tueur, lorsque je mentionnai Oswald il déclara : « C'était mon filleul. Il a été tué par un certain Jean Girumuhatse. » Nyandwi confirma que le père de Chantal avait subi le même sort, mais il contesta que Girumuhatse ait massacré les parents de sa propre femme. À l'en

croire, il avait seulement essayé de tuer le frère de sa femme, Évariste.

Je trouvai Évariste quelques jours plus tard. Ses parents, dit-il, avaient été tués par des « complices de Girumuhatse », et lui-même s'était enfui pendant l'attaque. Par la suite, il avait cherché refuge auprès de sa sœur, la femme de Girumuhatse. « Dès que je suis arrivé, Girumuhatse a appelé les autres à la rescousse. Ils m'ont attrapé, m'ont déshabillé et se sont mis à me battre à coups de bâton, et ma sœur a commencé à hurler comme une folle : “Vous ne pouvez pas tuer mon frère comme ça !” » Girumuhatse, se souvenait-il, « a tenté de m'emmener au barrage routier de mon quartier, pour que je sois tué chez moi. J'étais complètement nu et ils m'ont conduit vers une fosse commune pour m'y jeter. » Évariste était néanmoins parvenu à leur échapper et à disparaître dans l'obscurité.

Il estimait que Girumuhatse avait tué plus de soixante-dix personnes. Évariste ne l'avait pas vu depuis son retour, mais il avait vu sa femme et leur fils Emmanuel — sa sœur et son neveu —, et il me dit qu'ils avaient tous deux peur de lui et souhaitaient qu'il fût arrêté. Et pourtant Évariste, tout tutsi et conseiller municipal qu'il était, avait peur de dénoncer l'homme qui avait essayé de le tuer : « Je suis sûr que cela pourrait signifier la mort pour ma sœur et ses enfants. » Il me dit aussi que depuis le retour de Girumuhatse ses nuits étaient de nouveau remplies de terreur. « Les gens ne peuvent pas dire à haute voix qu'ils

veulent se venger, m'avoua Évariste. Mais en vérité beaucoup le souhaitent. »

Le lendemain du jour où je rencontrai Évariste, les rues de Kigali grouillaient de gens munis de houes et de machettes. C'était une journée de travaux publics ; partout les terrains vagues étaient transformés en briqueteries, première étape avant la construction de maisons pour les personnes déplacées par le retour. Sur l'un de ces sites, je vis le général Kagame, au milieu d'une foule d'ouvriers en haillons, qui avec une pelle remplissait de boue un moule à briques. « Ça aussi c'est un travail de soldat », me dit-il. À quelques pas de là, un homme à genoux hachait à l'aide d'une grande machette de la paille qui serait mélangée à la boue. Il venait de rentrer du Zaïre et était assez stupéfait, après avoir entendu diaboliser monsieur le Vice-Président dans les camps, de le voir ici. « Mais c'est normal, ajouta-t-il, parce chaque autorité qui veut travailler pour le pays doit d'abord donner l'exemple au peuple. »

S'il était enthousiasmant de voir la vitesse à laquelle l'ordre de vivre ensemble avait remplacé les doctrines du génocide, cela rappelait aussi de manière inquiétante que le vieil équilibre de l'autorité et de l'obéissance demeurait parfaitement intact au Rwanda. Le système était très commode pour les exigences écrasantes du moment ; un nouveau message et — illico ! — en avant pour le changement révolutionnaire. Mais n'était-ce pas qu'un changement purement superficiel ? Juste avant de tomber sur Kagame, j'avais

raconté l'histoire de Girumuhatse à Gérald Gahima, le secrétaire d'État à la Justice. D'abord tenté de pardonner à l'homme en raison de sa confession, à mesure que les détails s'accumulaient il était devenu de plus en plus sombre.

« Pour que les valeurs changent, dit-il, il faut un aveu de culpabilité, un désir sincère d'expiation, une volonté de s'amender, l'humilité d'accepter ses erreurs et de rechercher le pardon. Mais tout le monde dit : ce n'est pas moi, ce sont nos frères, nos sœurs. À la fin de la journée, personne n'a rien fait de mal. Dans une situation d'une injustice aussi criante et où personne ne demande miséricorde, comment les valeurs peuvent-elles changer ? »

C'était une bonne question et je voulais donner à Girumuhatse une nouvelle occasion de m'aider à y répondre. Il nous reçut, Bosco et moi, chez lui, dans un minuscule salon, et cette fois son fils Emmanuel se joignit à nous. Lors de ma première visite, Emmanuel m'avait éconduit, en prétendant qu'il n'y avait aucun autre homme de retour du Zaïre dans le voisinage, et plus tard son oncle, Évariste, m'avait dit qu'il souhaitait l'arrestation de son père. Je me demandais si Emmanuel savait ce que son oncle m'avait dit, et je fus content qu'il s'assît à un endroit où son père ne le voyait pas et où je pouvais l'observer directement : sur un muret, légèrement en retrait et au-dessus de Girumuhatse.

Quand j'interrogeai Girumuhatse à propos d'Oswald, le jeune homme qu'il avait tué, selon de nombreux témoignages, Emmanuel se mit à sourire,

à tel point qu'il dut se mordre les lèvres pour se contenir. « Il a été tué pendant la guerre. » C'était tout ce que Girumuhatse pouvait me dire d'Oswald. Emmanuel roula des yeux, et quand je demandai ce qui était arrivé au père de Chantal, il continua de sourire. Le père de Chantal avait été tué, lui aussi, répondit Girumuhatse sans vouloir donner d'autre précision.

Girumuhatse souffrait d'une mauvaise toux, et il était assis sur un tabouret bas, penché en avant sur ses genoux, en fixant le sol d'un air morose. Quand il me dit qu'il avait sous ses ordres les membres d'une cinquantaine de familles pendant les tueries, Emmanuel laissa échapper un reniflement méprisant. « Tu dirigeais tout ce monde-là ? dit-il d'un ton moqueur. Toi tout seul ? »

Finalement, je demandai à Girumuhatse s'il était vrai qu'il avait essayé de tuer le frère de sa femme. C'est alors seulement que je me rendis compte qu'Emmanuel comprenait le français, parce que je surpris sa grimace. Bosco refusa de traduire la question ; Girumuhatse, dit-il, était tellement embarrassé qu'il ne parlerait pas davantage. Lorsque, quelques minutes plus tard, Emmanuel sortit de la pièce, Girumuhatse me dit qu'il avait essayé de sauver son beau-frère : « J'ai tenté de l'emmener dans son quartier pour le protéger, pour qu'il ne soit pas tué ici sous mes yeux. »

Quand je me levai pour partir, Girumuhatse m'accompagna dehors. « Je suis content d'avoir parlé, soupira-t-il. Dire la vérité, c'est bien et c'est normal. »

21

Les derniers jours de sa présidence, Mobutu Sese Seko, avec la généralisation de son cancer de la prostate, était devenu incontinent. Les chasseurs de trophées qui fouillèrent le camp militaire où il joua son ultime scène à Kinshasa n'y trouvèrent en effet rien d'intéressant en dehors des couches du Grand Homme. Il ne se maîtrisait guère mieux mentalement, semble-t-il. Plusieurs personnes qui se vantaient de connaître les moindres potins de l'ancienne cour m'assurèrent que vers la fin il était fou à lier — bourré de médicaments et complètement caractériel, tantôt divagant, tantôt fulminant. Il n'avait plus de constant que son illusion d'être sur le point d'écraser l'Alliance rebelle de Laurent-Désiré Kabila, laquelle avait en réalité conquis son immense pays en tout juste sept mois et s'apprêtait à pénétrer dans la capitale.

Sa dernière décision en tant que président laisse néanmoins penser que, au moins dans l'ensemble, Mobutu se rendait compte de ce qui se passait. Le 11 mai 1997, il ordonna en effet que les restes du président rwandais assassiné, Juvénal Habyarimana,

soient exhumés du mausolée qu'il lui avait fait construire à Gbadolite et transférés à Kinshasa par avion cargo. Mobutu voulait ainsi éviter que les partisans de Kabila ne profanent la dépouille de l'ancien chef du Pouvoir hutu. Pendant quatre jours et quatre nuits, le cercueil attendit dans l'avion, sur une piste de l'aéroport de Kinshasa, tandis que les satrapes du président zaïrois moribond se demandaient ce qu'ils allaient faire de cette macabre cargaison. Ils finirent par se prononcer pour la crémation, rite qui n'avait rien d'authentiquement congolais, et parvinrent à dénicher un prêtre hindou susceptible de se charger de la cérémonie — ainsi ce catholique pratiquant partit-il en fumée. Le lendemain matin, Mobutu s'envolait à son tour — vers le Togo, puis le Maroc où il ne tarda pas à mourir —, et dans les vingt-quatre heures les premiers soldats de l'APR entraient dans la capitale du Zaïre à la tête de l'Alliance de Kabila.

En rendant ce dernier hommage à Habyarimana, c'était en réalité toute une génération de chefs d'État africains qu'enterrait ainsi Mobutu — le dinosaure, ainsi qu'on le surnommait depuis longtemps déjà —, génération dont il était le parangon : dictateur client du néocolonialisme de la guerre froide, monomaniaque absolument corrompu et ruine de sa nation. Six mois auparavant, lorsque l'Alliance rebelle soutenue par le Rwanda s'était emparée de Goma, je m'étais rendu directement au palais de Mobutu, au bord du lac, dans les faubourgs de la ville. Les grilles étaient ouvertes et personne ne les gardait. Le drapeau

zaïrois gisait en tampon au milieu de l'allée. Armes et munitions abandonnées par la Division présidentielle spéciale de Mobutu jonchaient le parc — tas de fusils d'assaut et caisses marquées « TNT », bourrées d'obus de mortier de 60 mm. Cinq Mercedes noires neuves, une Land Rover rutilante et deux ambulances étaient rangées près du garage. L'intérieur de la demeure présentait un capharnaüm de plafonds constellés de miroirs, de meubles incrustés de malachite et de perles, de lustres, de télévisions géantes et de luxueuses chaînes hi-fi. À l'étage, les deux salles de bains géantes du maître de céans étaient équipées de jacuzzis.

Quel contraste avec Goma, pour l'essentiel un bidonville, où régnait une extrême pauvreté. Un jour je m'arrêtai devant la maison d'une connaissance qui s'était absentée, en laissant ses chiens dans le jardin. Ils sortaient le museau à travers la grille fermée à clé et je leur distribuais des biscuits protéinés des Nations unies lorsque trois hommes surgirent du coin de la rue et me prièrent de leur en donner à eux aussi. Je tendis la boîte au premier d'entre eux, qui était en haillons, en lui disant : « Prenez-en plusieurs. » Il lança les mains en avant et je sentis la boîte m'échapper, comme projetée par un ressort. Les compagnons de l'homme bondirent aussitôt sur lui, en se bousculant, et se bourrèrent de biscuits, qu'ils s'arrachaient mutuellement de la bouche ; en quelques instants, d'un bout à l'autre de cette rue apparemment déserte, des gens accoururent pour participer à la curée.

D'énormes flacons de parfums et d'huiles pour le

bain entouraient les jacuzzis de Mobutu ; ils devaient contenir au moins quatre litres chacun. Si la plupart étaient encore très pleins, l'un d'eux avait manifestement beaucoup servi : Égoïste de Chanel.

Il devait littéralement se baigner dedans.

Tel était le Zaïre et, à la manière du Louis XIV de « L'État c'est moi », Mobutu aimait à fanfaronner : « Il n'y avait pas de Zaïre avant moi, et il n'y aura plus de Zaïre après moi. » En l'occurrence, Kabila — qui appelait le Zaïre le *Nowhere** — se fit un malin plaisir de lui donner raison : le 17 mai 1997, il se déclarait président et rendait au pays le nom que Mobutu avait mis au rancart : la République démocratique du Congo. La vitesse avec laquelle il avait remporté la victoire devait beaucoup au fait qu'en règle générale l'armée zaïroise avait préféré s'enfuir plutôt que combattre, violant et pillant de ville en ville devant l'avance des troupes rebelles. Les seules forces qui avaient vraiment fait front pour Mobutu étaient les dizaines de milliers de combattants en exil du Pouvoir hutu rwandais, ainsi que deux ou trois dizaines de mercenaires serbes recrutés par les Français.

Kabila avait dû s'appuyer lui aussi sur une aide étrangère pour accomplir son offensive victorieuse avec autant de succès. Une alliance panafricaine, incarnant le soutien politique ou militaire d'au moins une dizaine de gouvernements de tout le continent, était venue renforcer le noyau de l'armée rwandaise. Ensuite, après les premières victoires des rebelles dans

* Le Nulle part. *(N.d.T.)*

le Nord- et le Sud-Kivu, en même temps que les Congolais ralliaient en masse la cause de Kabila, le soutien afflua non seulement des pays voisins — Angola, Burundi, Tanzanie, Ouganda, Zambie — mais également d'aussi loin que l'Érythrée, l'Éthiopie, l'Afrique du Sud et le Zimbabwe.

Si le conflit congolais s'était produit en Europe, on l'aurait probablement qualifié de guerre mondiale, et d'ailleurs pour les Africains c'était effectivement le monde qui était en jeu. Car c'était une guerre à propos du génocide rwandais. « La grande erreur de Mobutu a été de s'engager au Rwanda, me dit ainsi le président Museveni de l'Ouganda, peu après l'investiture de Kabila. S'il ne s'était pas mêlé de cette affaire, je crois qu'il aurait pu continuer comme ça, ainsi qu'il le faisait depuis trente-deux ans — sans aucunement développer le Zaïre, mais en conservant ce qu'on appelle le pouvoir, grâce au contrôle de la radio et ainsi de suite. »

Les mises en garde n'avaient pourtant pas manqué à Mobutu, et pas seulement de la part de ceux qui finirent par le détrôner. Dans le bureau de son palais abandonné de Goma, j'avais trouvé une longue note d'un de ses conseillers sur le conflit rwandais. À en juger par le contenu, elle avait été rédigée en 1991, peu après le début de l'invasion du Rwanda par le FPR, à un moment où Mobutu s'entremettait dans les négociations d'une série de cessez-le-feu éphémères. Ce conseiller soulignait que l'entourage d'Habyarimana « se composait pour l'essentiel d'extrémistes et de fanatiques intransigeants », et prédisait que les

rebelles du FPR allaient « d'une manière ou d'une autre réaliser leur objectif final, qui est de prendre le pouvoir au Rwanda ». Il recommandait à Mobutu de servir de « parapluie moral » et de « père spirituel du processus de négociation » sans s'aliéner le FPR ou le président ougandais Museveni, et surtout de favoriser « les intérêts primordiaux du Zaïre » quel que soit celui qui s'imposerait au Rwanda.

Alors que je me tenais ainsi dans le bureau « libéré » de Mobutu — tel un pillard, en fait —, en train de lire ce document banal, que seule l'énormité des événements survenus depuis avait rendu remarquable, j'étais frappé une fois de plus de constater à quel point le monde avait été bouleversé de fond en comble par le génocide au Rwanda. Non qu'il fût meilleur quelques années avant le massacre d'un million de Rwandais, mais en Afrique centrale, c'était un monde où le pire absolu était encore inconnu.

En 1994, au plus fort de la campagne d'extermination au Rwanda, alors que la France dépêchait des armes aux intermédiaires de Mobutu dans le Zaïre oriental pour qu'ils les livrent aux génodicaires de l'autre côté de la frontière, le président François Mitterrand avait déclaré — à en croire un article ultérieur du *Figaro* — que dans ce genre de pays un génocide n'est pas si important que ça. Par leurs actes ou leur apathie, à l'époque et pendant les années suivantes, les autres grandes puissances avaient montré qu'elles partageaient ce point de vue. À l'évidence, elles n'imaginaient pas qu'un pays comme le Rwanda pourrait refuser d'accepter l'insignifiance de son annihilation,

ni que d'autres Africains prendraient ce risque assez au sérieux pour intervenir.

Le souvenir du génocide, ainsi que la volonté de Mobutu d'en encourager la répétition massive, avait eu « des répercussions globales, par-delà le Rwanda, me dit Museveni. Et ici, en Afrique, nous étions déterminés à nous y opposer ». De même que Mobutu était, selon l'expression du président ougandais, un « agent » de ses manipulateurs occidentaux, de même les génocidaires rwandais, qui menaçaient une fois de plus de plonger la région entière dans un bain de sang, subsistaient-ils grâce à la charité irréfléchie de l'Occident. Si ce dernier devait ensuite déplorer l'irresponsabilité de ses politiques, la nébuleuse qu'on appelle la communauté internationale ne doit finalement de comptes à personne. À maintes reprises en Afrique centrale, de fausses promesses de protection internationale aboutirent à l'abandon rapide de centaines de milliers de civils exposés à une violence extrême. Devant tant d'insoucieuse impunité, la rébellion congolaise offrit à l'Afrique l'occasion de s'unir contre la plus grave calamité politique qu'elle ait engendrée, et de supplanter l'Occident comme arbitre de son propre destin.

Je trouvais souvent utile de comparer l'Afrique centrale des années quatre-vingt-dix à l'Europe de la fin du Moyen Âge : interminables guerres tribales et religieuses, despotes corrompus, élites prédatrices — et une paysannerie superstitieuse, croupissant dans la maladie et la pauvreté, *et* gavée de promesses. Élément

déterminant pour hisser les peuples européens vers une plus grande prospérité et un gouvernement plus raisonnable, le colonialisme avait permis d'exporter leurs agressions tout en important des richesses. Les anciennes colonies n'ont pas cette possibilité maintenant qu'elles entrent laborieusement dans la famille des États-nations modernes ; les formes de gouvernement qu'elles essaient, dans leurs luttes pour construire des traditions politiques solides, risquent fort de se révéler transitoires.

Bien avant que le Rwanda ne devînt un cas exemplaire de négligence internationale, Museveni faisait remarquer : « Un peu d'incurie ne serait pas si mal. Plus on nous délaisse, mieux ça vaut pour l'Afrique. Nous allons devoir compter sur nous-mêmes. » En prenant le monde extérieur aussi totalement par surprise, la révolution congolaise révéla une erreur de jugement dans laquelle s'entêtaient les attitudes occidentales envers l'Afrique de l'après-guerre froide : que les Africains engendrent des catastrophes humanitaires mais jamais de politiques sensées.

L'apaisement n'avait pas été une meilleure politique à Goma qu'envers l'Allemagne nazie. En revanche, l'absence même d'un engagement international responsable à Goma avait créé chez les Africains un besoin et une occasion sans précédent de régler leurs propres problèmes. Bien que les soutiens étrangers de Kabila fussent ouvertement sceptiques sur ses capacités à se maintenir au pouvoir au Congo — et même en cela il ne tarda pas à les décevoir —, la promptitude avec laquelle l'Alliance avait raflé la victoire fit dire

au président Museveni, lors de l'investiture de Kabila, que la guerre avait « libéré non seulement le Congo mais l'Afrique tout entière ».

On écouta attentivement les propos du parrain de la nouvelle grande puissance en Afrique centrale. Il invoqua la solidarité nationale et internationale ; le développement politique devait reposer sur l'ordre économique et la sécurité physique. À l'entendre, on en oubliait presque que l'avenir de la région s'annonçait terriblement sombre.

> L'infrastructure du pays, en particulier les routes, s'était presque totalement effondrée. La plus grande partie du pays était inaccessible. [...] Les camions manquaient cruellement. [...] Les services publics, comme l'eau et l'électricité, étaient sévèrement endommagés. [...] Les usines étaient fermées ou fonctionnaient très au ralenti. [...] Il y avait une pénurie totale de produits aussi essentiels que le sucre, le savon et la paraffine. Les marchandises entraient et sortaient en fraude du pays, et se vendaient sur le marché parallèle (« noir »). L'économie était devenue complètement informelle et spéculative.

Ce passage de l'autobiographie de Museveni décrit l'Ouganda en 1986, lorsqu'il s'intronisa président après plus d'une décennie de lutte armée. Quand je lui dis que j'avais l'impression de voir le Congo —

ou d'ailleurs une bonne partie du Rwanda après 1994 —, il acquiesça : « Même situation, exactement. »

Au début des années quatre-vingt-dix, l'Ouganda bénéficiait d'une croissance économique de près de cinq pour cent l'an ; plus de huit pour cent en 1996. Un entrelacs de routes convenables couvrait le pays. Il y avait de bonnes écoles publiques, des soins médicaux satisfaisants, une justice indépendante, un Parlement plutôt contestataire, une presse turbulente et souvent critique, et une classe moyenne peu nombreuse mais en pleine expansion. L'insécurité subsistait, surtout dans le Nord et l'Ouest, infestés par la rébellion. Mais l'Ouganda, dix ans après les ravages d'Idi Amin et d'Obote, offrait un exemple prometteur qui devrait faire réfléchir tous ceux qui qualifiaient le Congo ou le Rwanda d'« impossible » ou de « sans espoir ».

Dirigeant à poigne et technocrate pragmatique, Museveni avait l'habitude de plier les choses à sa volonté. Doté d'une énorme énergie, non seulement dans la politique mais aussi dans l'élevage du bétail, il possédait en outre l'inventivité d'un pionnier. Le matin où je lui rendis visite, *New Vision*, organe du gouvernement, annonçait : « Yoweri Museveni révèle qu'une herbe locale qu'il a récemment confiée à des chercheurs égyptiens a été transformée en une pâte dentifrice remarquablement efficace qui a été baptisée dentifrice Nil. »

L'article sur le dentifrice se lisait comme une parabole musevénienne classique de l'autosuffisance afri-

caine. Enfant de la brousse, Museveni avait découvert, en mâchant une herbe appelée *muteete*, que celle-ci laissait ses dents parfaitement propres et douces. Puis, à l'école secondaire coloniale anglaise, on lui avait conseillé le dentifrice Colgate, pour le corriger de ses manières rustres. « Mais, dit-il, quand vous utilisez ce Colgate et que vous vous passez la langue sur les dents, vous sentez ces "obstacles". » Le dentifrice de l'homme blanc était inférieur. Devenu président, il se rappela la *muteete*, et la science moderne confirma son souvenir. Cette herbe, dit-il, possédait « les meilleurs agents dentifrices jamais découverts ». Le dentifrice Nil serait bientôt sur le marché, et l'Ouganda percevrait des redevances. Museveni engageait ses compatriotes à entreprendre des recherches commerciales de ce genre. Il était persuadé que le jus de banane pourrait faire un tabac dans l'industrie du soda. Il constatait que les exportations de fleurs ougandaises vers l'Europe se multipliaient, à la grande inquiétude de la concurrence étrangère. Le message était clair : investissez dans une Afrique dévaluée ; nous sommes en veine.

Kampala, la capitale de l'Ouganda, n'était qu'à une heure de vol de Kigali, vers le nord, sur les rives du lac Victoria, et pourtant on avait l'impression d'un univers entièrement différent : une ville en plein essor et riche de promesses. On trouvait naturellement sans peine des gens qui se plaignaient du gouvernement, mais la question qui les occupait avant tout — le régime évoluait-il trop lentement vers la démocratie libérale, trop rapidement ou pas du tout ? — était le

genre de problème que les Rwandais — obsédés par la sécurité physique — ne pouvaient que rêver discuter un jour sans crainte.

Museveni me reçut dans un pavillon au milieu du parc impeccable de State House, au bout de l'avenue Victoria. Assis à un bureau, dans un fauteuil de jardin en plastique, il portait une chemise à manches courtes en plaid marron, le col ouvert, un pantalon de velours côtelé et des sandales. On servit du thé. Sur une étagère à côté du bureau étaient posés un livre sur la guerre du Sinaï ; *The Choice*, du journaliste de Washington Bob Woodward, sur la campagne électorale de Bill Clinton ; et un volume intitulé *Les Usages de l'huile de palme, textes choisis.* Museveni paraissait fatigué ; il n'essayait pas de cacher son besoin de bâiller. Même sur les portraits officiels accrochés dans la plupart des magasins et des bureaux de la capitale, son visage rond et son crâne presque rasé lui donnaient l'air d'homme ordinaire, dépourvu de charisme, qui faisait partie de son charme. Son discours, comme ses écrits, était lucide, carré, sans grandiloquence aucune.

Vers la fin de la guerre au Congo, lorsque la victoire de Kabila paraissait inéluctable, le *New York Times* publia un éditorial intitulé « Tyrannie ou démocratie au Zaïre ? » — comme si c'étaient les deux seules possibilités politiques. Museveni, semblable en cela à nombre de ses contemporains parmi les dirigeants de ce que l'on pourrait appeler l'Afrique postcoloniale, cherchait un terrain commun où jeter les fondations d'un ordre démocratique durable. Puisqu'il refusait le multipartisme en Ouganda, les pontifes occidentaux

étaient souvent tentés, comme ses censeurs nationaux, de déprécier ses succès. Mais, protestait-il, tant que la corruption ne serait pas maîtrisée, tant que ne se serait pas développée une classe moyenne ayant des intérêts politiques et économiques puissants, et tant qu'un débat politique national cohérent ne se serait pas installé, les partis politiques étaient voués à succomber aux factions tribales ou aux rackets financiers, et à demeurer l'affaire d'élites se disputant le pouvoir, sinon la cause d'une véritable guerre civile.

La « démocratie sans partis » de Museveni reposait sur la « politique du mouvement » ; les partis, expliquait-il, sont « mono-idéologiques », tandis que son Mouvement de la résistance nationale ou le Front patriotique rwandais est « multi-idéologique », ouvert à une polyphonie de sensibilités ou d'intérêts. « Il y a des socialistes dans notre mouvement, des capitalistes, des féodalistes — comme les rois, ici en Ouganda. » Officiellement, tout le monde peut faire partie du mouvement, et « tous ceux qui le veulent » peuvent se présenter aux élections. Bien que Museveni fût souvent qualifié, comme la plupart des dirigeants africains de sa génération, d'ancien guérillero marxiste, il était résolument partisan de la libre entreprise, et avait fini par encourager la formation de groupements politiques selon les classes sociales, afin d'opposer une « polarisation horizontale » à la « polarisation verticale » du tribalisme ou du régionalisme. « Voilà ce que nous disons, dans un premier temps, la compétition politique ne reposera pas sur les groupes, mais sur les individus. Il y a peu de chances que nous ayons des

groupes sains. Mais nous risquons fort d'avoir des groupes malsains. Pourquoi courir le risque ? »

Museveni déplorait ce qu'on pourrait appeler la démocratie maquillage, où des élections factices organisées sur l'ordre des « États donateurs » maintiennent des pouvoirs faibles ou corrompus dans des sociétés détraquées politiquement. « Si j'ai une maladie cardiaque et que j'essaie d'avoir l'air en bonne santé, je vais tout simplement mourir », ironisa-t-il. Nous constations que l'Occident, ayant remporté la guerre froide et perdu ainsi son critère simple pour distinguer les bons des méchants, s'était trouvé une nouvelle religion politique sous les espèces du pluripartisme électoral (du moins dans les pays économiquement dépendants où le chinois n'est pas très répandu). Cette attitude, « non contente d'être une ingérence, repose sur l'ignorance et, naturellement, un peu d'arrogance aussi. Ces gens semblent dire que les parties développées et les parties non développées du monde peuvent être toutes gérées uniformément. Politiquement, c'est leur ligne, et je crois que ce sont vraiment des sottises — pour être charitable. Il n'est pas possible de diriger des sociétés radicalement différentes d'une manière exactement uniforme. Oui, il y a des éléments essentiels en commun, comme le suffrage universel, une personne une voix, le scrutin secret, une presse libre, la séparation des pouvoirs. Ce doivent être des facteurs communs, mais pas la même forme exacte. La forme doit dépendre des situations ».

Autant que Kagame, Museveni s'irritait que le gouvernement rwandais à dominante FPR passât généralement pour une marionnette de l'Ouganda, et que Kabila fût à son tour qualifié par ses adversaires de pion de l'impérialisme « rwando-ougandais ». « C'étaient des pantins des Français », disait Museveni de ses critiques rwandais et congolais, « alors ils croient que tout le monde cherche comme eux des fantoches ou des maîtres. » Il lui paraissait évident que les autres pays de la région devaient s'inspirer de l'exemple ougandais. « Quand Martin Luther a publié ses critiques des papistes, elles se sont répandues parce qu'elles faisaient vibrer une corde sensible dans des lieux différents. Et lorsque la Révolution française s'est produite, il y avait déjà des éléments républicains dans divers pays d'Europe. Et quand il y a eu des changements en Ouganda contre la dictature d'Idi Amin — oui, ces idées ont rencontré un certain intérêt. »

Que Museveni se présentât à la lumière de l'histoire européenne moderne donnait la mesure de son optimisme. Il avait étudié comment les grandes démocraties avaient émergé de la tourmente politique, et il reconnaissait que cela ne s'était pas produit rapidement, ni élégamment, ni sans reculs consternants et bien des contradictions douloureuses tout du long. J'entendais souvent dire, même parmi ses admirateurs, que Museveni n'était pas précisément, hélas, un démocrate à la Jefferson. Mais il y a peu de chances que les traditions et les circonstances particulières ayant produit Jefferson refleurissent en Afrique, et ceux qui réclament aujourd'hui l'avènement d'un

homme comme lui semblent oublier que si Jefferson avait le loisir de penser et d'écrire avec tant d'élévation, c'était largement grâce aux esclaves qu'il possédait sans scrupule.

Outre l'histoire de Luther et de la Révolution française, Museveni n'ignorait assurément pas celle de la Révolution américaine, qui avait exigé huit années de guerre, quatre années ensuite pour faire ratifier la Constitution, et deux ans encore avant les premières élections — treize ans au total après que la Déclaration d'Indépendance eut énoncé, avec « tout le respect dû aux opinions de l'humanité », non seulement les causes de la lutte anticoloniale, mais aussi la légitimité divine et universelle de livrer ces luttes par la force des armes. Cette histoire plairait certainement à Museveni. Le général yankee qui avait mené l'armée révolutionnaire de la « brousse » à la victoire remporta les deux premières élections présidentielles aux États-Unis.

Museveni fut lui-même élu président pour la première fois en 1996, dix ans après avoir pris la tête du pays, et pourrait obtenir un deuxième mandat de cinq ans en 2001. Mais tant que l'Ouganda n'aura pas connu un transfert pacifique du pouvoir à un successeur élu, on ne pourra dire que la « démocratie sans partis » aura soutenu l'épreuve ultime de ses institutions. Entre-temps, tout ou presque dépendait de la bonne volonté et des capacités de son chef — mais non, m'assura Museveni, des vœux de la communauté internationale. Les artisans euro-américains de l'ancien ordre postcolonial étaient les bienvenus s'ils

voulaient œuvrer avec l'Afrique, mais aux conditions de celle-ci, comme investisseurs de capitaux et de savoir-faire dans des projets communs. « Je ne crois pas que les Européens soient en mesure d'imposer de nouveau leur volonté. Je ne crois vraiment pas que l'Amérique ou quiconque dominera de nouveau l'Afrique, me dit-il. Ils peuvent amener la déstabilisation, mais non renverser la situation si les forces indigènes sont organisées. Par la simple force de l'Afrique nous serons indépendants de toute manipulation étrangère. »

Quelques semaines après l'abdication de Mobutu, Bill Richardson, l'ambassadeur des États-Unis auprès des Nations unies, alla rendre visite au président Kabila. Sa présence au Congo, me dit-il, traduisait « un regain d'intérêt pour l'Afrique de la part des États-Unis » : les pays rassemblés derrière l'Alliance de Kabila constituaient désormais, en effet, un « bloc stratégique et économique régional, soudé dans une expérience commune », qu'« il fallait sérieusement prendre en compte ». Il évoqua l'attraction des économies de marché et « une grande amélioration » des conditions sociales et politiques, et fit part de son admiration pour Kagame comme pour Museveni.

Mais Richardson était venu au Congo non seulement pour proposer l'aide des États-Unis, mais aussi pour menacer de la retirer. Depuis le milieu de la guerre, humanitaires internationaux, militants des droits de l'homme et journalistes rapportaient de l'est et du nord du Congo que les forces de Kabila mas-

sacraient, individuellement et en masse, les Hutu rwandais qui s'étaient enfuis dans la jungle après le démantèlement des camps frontaliers de l'ONU. Les Nations unies voulaient envoyer une mission d'enquête et Kabila atermoyait. Richardson apportait le message suivant : laissez venir la mission, ou vous devrez affronter l'isolement international et renoncer à l'aide étrangère dont vous avez désespérément besoin.

Les gens de Kabila étaient naturellement très chatouilleux sur la question des massacres. D'un côté, ils rejetaient les accusations ; de l'autre, ils soulignaient qu'il fallait replacer les morts de Hutu dans leur contexte. Nombre des Rwandais qui étaient restés dans les camps congolais n'étaient pas simplement des génocidaires en fuite mais combattaient activement dans les rangs mobutistes. Même au plus fort de la bataille, ils s'entouraient de leurs familles — femmes, enfants et vieillards, qui leur servaient de bouclier humain et souffraient en conséquence. Qui plus est, les combattants du Pouvoir hutu avaient eux-mêmes massacré des villageois congolais, ainsi que leurs propres acolytes, pendant leur retraite vers l'ouest. (J'ai vu les restes d'un de ces massacres au camp de Mugunga pendant le rapatriement en masse de novembre 1996 : deux douzaines de femmes, de petites filles et de bébés, débités à la machette et qui pourrissaient au milieu des décombres — « parce qu'ils venaient d'un autre camp, pour chercher de la nourriture », me dit un résident de Mugunga, qui semblait trouver ce genre de tuerie bien banal.)

Le HCR était parfois parvenu à établir des camps provisoires pour des dizaines de milliers de Hutu rwandais lors de leur fuite vers l'ouest. L'un des plus vastes se situait dans le village de Tingi-Tingi, au Congo oriental. À la télévision il ressemblait à n'importe quel camp de réfugiés de guerre démunis, mais hors champ c'était aussi une importante base militaire du Pouvoir hutu. Des humanitaires et des pilotes de brousse me dirent plus tard, dégoûtés, que les ex-FAR et les *interahamwe* faisaient régner un régime de terreur, tuant les non-combattants apparemment au petit bonheur. Ils contrôlaient l'aéroport, où, mêlés à d'authentiques transports des organisations humanitaires, des avions, affichant les logos d'organisations humanitaires, débarquaient régulièrement des armes et remmenaient d'importants génocidaires à Nairobi. Naturellement, les forces du Pouvoir hutu s'appropriaient une bonne partie de l'aide livrée.

À la mi-avril 1997, le *New York Times* publia à la une un article d'une ambivalence inaccoutumée sur un camp de Hutu rwandais près de la ville de Kisangani : « Alors que des milliers d'enfants du camp ont le ventre distendu, les membres comme des brindilles, et semblent près de mourir de faim, on voit aussi un nombre considérable de jeunes hommes fringants, sains et bien nourris, qui ont l'air en pleine forme. »

« Quand nous trouvons de la nourriture, c'est moi qui mange le premier », déclara au *Times* un solide gaillard de trente-cinq ans, père de trois enfants faméliques. « Et les travailleurs humanitaires disent que cette situation n'est pas inhabituelle. »

C'était étrange de lire une pareille histoire, et en même temps d'apprendre qu'Emma Bonino, le commissaire européen aux affaires humanitaires, accusait les troupes de Kabila de commettre un génocide à l'encontre des réfugiés, notamment en gênant « l'accès humanitaire ». Au moment même où elle parlait, les Nations unies rapatriaient tous les jours à Kigali des Hutu rwandais — dont nombre de jeunes gens gaillards — par avions entiers, selon un programme de réinsertion approuvé par le Rwanda et l'Alliance. Au moins cinquante mille réfugiés rentrèrent ainsi au Rwanda, tandis qu'au moins autant parvenaient à gagner les régions de l'Angola que tenaient les rebelles soutenus par les mobutistes, la République centrafricaine et l'autre Congo — la République du Congo —, où on les hébergea de nouveau dans des camps, cette fois encore fortement militarisés.

D'un autre côté, de nombreux Hutu rwandais disparaissaient effectivement au Congo, et nombre de ces tueries, attribuées aux partisans de Kabila, s'étaient produites en dehors des combats. La presse rapporta en détail plusieurs épouvantables massacres de ce genre, dans le style des escadrons de la mort. Elle en accusait les soldats tutsi du Congo et du Rwanda. Ainsi se résumèrent largement pour les médias occidentaux la guerre du Congo et ses lendemains. Peu après que le *Times* eut publié cet article sur les réfugiés tueurs de Kisangani, le camp était attaqué et dispersé par un mélange de troupes de l'Alliance et de Congolais de l'endroit. On racontait que des milliers de Hutu avaient été massacrés — mais personne

ne pouvait savoir exactement ce qui s'était passé, parce que les forces de Kabila en interdisaient l'accès.

Richardson sortit de l'entretien avec de bonnes nouvelles : Kabila avait promis de laisser toute latitude à la commission des Nations unies. D'excellente humeur, il s'envola pour un camp de réfugiés hutu à Kisangani, non loin de l'endroit où s'étaient déroulés certains des plus graves massacres. C'étaient surtout des femmes et des enfants qui avaient erré dans la jungle pendant des mois, et ils étaient en piteux état, certains à peine vivants — des squelettes revêtus de peau fripée. Après avoir longuement visité l'endroit, Richardson lut une déclaration préparée, à la porte du camp, entouré de réfugiés. « La crise humanitaire au Congo, commença-t-il, est une tragédie qui remonte au génocide de 1994 au Rwanda. » Et il ajouta :

> L'échec de la communauté internationale à réagir convenablement tant au génocide que par la suite au mélange des tueurs génocides avec la population légitime des réfugiés dans l'ancien Zaïre oriental, n'a servi qu'à prolonger la crise. Le nettoyage ethnique et le conflit au Nord-Kivu, ainsi que la politique de l'ancien président Mobutu, autorisant ces forces génocides à agir, recruter et se ravitailler sur son territoire, n'ont fait qu'exacerber ce climat d'impunité. Tragiquement, ce chapitre

> n'est pas encore clos. Les massacres généralisés se poursuivent. Nous tous, le nouveau gouvernement de la République démocratique du Congo, ses voisins et la communauté internationale, nous avons le devoir de mettre fin au meurtre de civils innocents. Nous devons aussi protéger les réfugiés légitimes, poursuivre les efforts de rapatriement et nous efforcer de traduire les tueurs génocides devant la justice.

Jamais un décideur international n'avait aussi clairement reconnu la réalité et les responsabilités, et Richardson fit cette déclaration officielle devant des reporters du *New York Times*, du *Washington Post* et du *Los Angeles Times* (ainsi que plusieurs télévisions, radios et agences de presse internationales). Pourtant aucun de ces journaux ne s'en fit l'écho. Le général Kagame me dit ensuite qu'en voyant une copie dactylographiée du discours il s'était demandé si ce n'était pas un canular. Je lui assurai que Richardson avait réellement tenu ces propos — c'était « un important aveu », opina-t-il, « un élément capital pour la situation dans son ensemble ». « Peut-être, ajouta-t-il, que quelqu'un pourrait le glisser sur Internet ou quelque chose de ce genre. »

Quelques semaines après la visite de Richardson, à la date prévue, la commission d'enquête de l'ONU sur les massacres arrivait à Kinshasa. Mais il lui fut impossible de remplir sa mission. Kabila multiplia les

obstacles, et même après que le secrétaire général Kofi Annan eut accepté de désigner un nouveau président à la tête de la commission et d'étendre le champ de l'enquête aux quatre années précédant la guerre au Congo — lorsque les génocidaires avaient commencé à remplir le Congo oriental de charniers —, Kabila continua de temporiser. Bon nombre de dirigeants africains firent cause commune avec lui. Il leur semblait qu'après s'être lavé les mains du génocide rwandais, la soi-disant communauté internationale pouvait difficilement prétendre jouer les arbitres moraux dans la guerre contre les génocidaires.

Telle était l'atmosphère dans une bonne partie du continent au début de l'été de 1997. En juillet, l'homme fort vieillissant du Kenya, Daniel Arap Moi, qui avait rompu les relations avec le Rwanda après le génocide, reçut le général Kagame en visite officielle. Deux jours après, le Kenya arrêtait et remettait au tribunal des Nations unies à Arusha sept des instigateurs du génocide les plus recherchés. Et notamment le général Gratien Kabiligi des ex-FAR, qui commandait récemment encore les forces du Pouvoir hutu au Congo ; Georges Ruggiu, présentateur belge de RTLM, la radio génocide ; et Hassan Ngeze, qui avait publié les Dix Commandements hutu et annoncé la mort du président Habyarimana dans le magazine *Kangura*.

Un jour que nous parlions du génocide et de la manière dont le monde y avait réagi, le général Kagame me dit : « Certains croient même que nous

ne devrions pas en être affectés. Ils nous prennent pour des animaux : on perd des parents, on se console, on nous donne un peu de pain et de thé — et on oublie tout. » Il glousssa. « Parfois ça me paraît du mépris à notre égard. Je me suis souvent disputé avec des Européens qui venaient nous donner des sodas et qui nous disaient : “Vous ne devriez pas faire ci, vous devriez faire ça. Ne faites pas ceci, faites cela.” Je leur répondais : “Vous n'avez donc pas de cœur.” C'est le cœur qui ronge les gens. » Kagame pointa le doigt sur son corps décharné et dit : « C'est peut-être pour ça que je ne grossis pas beaucoup — ces pensées ne cessent de me consumer. »

Au début de juin 1997, juste après la visite de Richardson au Congo, j'allai passer une journée à Kigali pour voir Kagame et l'interroger sur les massacres de Hutu rwandais que l'on rapportait au Congo. « Je crois qu'on exagère un peu en parlant d'extermination systématique, de massacre méthodique des réfugiés, voire de la participation éventuelle des autorités supérieures de différents pays. Mais revenons un peu en arrière, si on ne veut pas être hypocrite. Pour commencer, une fois de plus, je veux souligner l'intervention de quelques pays européens. Rappelez-vous la zone Turquoise. »

Et pendant plus d'une heure Kagame décrivit la résurgence du Pouvoir hutu après la victoire du FPR en 1994, en commençant par l'arrivée des forces françaises pendant les dernières semaines du génocide, et en détaillant les activités des génocidaires dans les camps — le réarmement, l'entraînement, l'alliance

avec Mobutu, les meurtres et les expulsions au Nord-Kivu, les attaques constantes contre le Rwanda, et la campagne pour chasser les Tutsi banyamulenge du Sud-Kivu. Il énuméra les villes du Congo où des batailles décisives s'étaient livrées pendant la marche de l'Alliance sur Kinshasa, et rappela la participation massive des troupes du Pouvoir hutu. « J'ai beaucoup de mal à imaginer que le monde entier soit naïf au point de ne pas voir que c'était un problème réel. » Il ne pouvait conclure qu'à « un complot au plus haut niveau » de la communauté internationale pour protéger les tueurs et, peut-être même, les aider à remporter une victoire définitive.

Mais pourquoi aucune des grandes puissances aurait-elle suivi une politique aussi insensée ? « Pour étouffer leur culpabilité après le génocide. Il y a beaucoup de culpabilité. »

C'était cette conversation où Kagame avait commencé par m'affirmer que le Rwanda n'avait pas de troupes au Congo, comme il le disait à tout le monde depuis huit mois, pour m'avouer finalement qu'il avait pris l'initiative de toute la campagne et que ses forces y avaient participé tout du long. Ce renversement total me surprit plus que l'information, et je me demandai pourquoi l'un des stratèges politiques et militaires les plus habiles de notre temps revendiquait la paternité de la guerre au moment même où on lui imputait les crimes de cette guerre.

En réécoutant l'enregistrement de notre conversation, les raisons de Kagame me parurent parfaitement claires. Il ne niait pas que de nombreux Hutu rwan-

dais avaient été massacrés au Congo ; les meurtres inspirés par la vengeance devaient être punis, me dit-il. Mais c'étaient les génocidaires qui étaient responsables de la mort de ceux avec qui ils se déplaçaient. « Ce ne sont pas de véritables réfugiés. Ce sont simplement des fugitifs, des gens qui fuient la justice après avoir tué au Rwanda — *après avoir tué.* » Et ils continuaient à tuer.

La brève période de calme qui avait suivi au Rwanda le retour en masse des réfugiés des camps, à la fin de 1996, s'était vite dissipée, et depuis février les meurtres de Tutsi ne cessaient de se multiplier. Une bonne partie du Nord-Ouest était dans un état de guerre larvée. Le chaos régnait également dans le Congo oriental, tandis que des concentrations notables de combattants hutu, qui avaient refusé toutes les offres de rapatriement, opéraient toujours dans la région. Kagame s'inquiétait particulièrement des dizaines de milliers de génocidaires qui s'étaient enfuis en République centrafricaine, au Congo-Brazzaville et en Angola.

« Encore aujourd'hui, ces types franchissent nos frontières, ex-FAR et miliciens, mêlés peut-être à des membres de leurs familles. Ils sont armés de lance-grenades, de mitrailleuses, ils massacrent les gens sur leur chemin, et cela ne fait rien à la communauté internationale. Ce n'est pas la même chose quand des Tutsi tuent des réfugiés. Il y a quelque chose d'extrêmement injuste là-dedans. Voilà pourquoi je crois à cette terrible culpabilité de certains, qu'ils essaient de refouler en présentant toujours les Tutsi comme les

mauvais et les Hutu comme les victimes. Mais toutes les intimidations, toutes les déformations du monde ne viendront pas à bout de nous. Ça va nous causer des problèmes, mais nous ne serons pas vaincus. » Je ne l'avais jamais vu aussi en colère. « Il en reste beaucoup, dit-il des génocidaires, et nous allons devoir nous occuper de cette situation aussi longtemps qu'elle durera. Nous ne sommes vraiment pas du tout las de le faire — et ce sont eux qui se fatigueront, pas nous. »

Sinistre perspective, mais Kagame essayait d'expliquer pourquoi la guerre du Congo s'était déroulée de la sorte — afin que le Rwanda « ne soit pas effacé de la surface de la terre ». Ainsi voyait-il son dilemme, et celui-ci expliquait le ton étonnamment glacé de ses propos. Mais bien que sa voix et ses manières fussent aussi mesurées que jamais, il était manifestement indigné que l'on reprochât à ses troupes de détruire ce qu'il considérait comme une armée vouée à l'annihilation de son pays. La méfiance de Kagame et son sentiment d'avoir subi une injustice se conjuguaient en une fureur inexorable. Il ne voulait pas seulement que le monde vît les choses comme lui ; il semblait croire que le monde lui devait des excuses, pour n'avoir pas su accepter son raisonnement.

Dans l'idéal, me dit-il, une enquête serait la meilleure manière d'élucider l'histoire des massacres au Congo. « Mais, en raison du contexte que je vous ai décrit, en raison de cet engagement partisan, de ces allégations politiquement orientées, même aux niveaux les plus élevés de la communauté internatio-

nale, vous voyez que nous avons affaire ici à des juges qui ne peuvent être jugés. Et pourtant ils ont terriblement mal agi. C'est le mauvais côté de toute cette histoire. J'ai perdu confiance. L'expérience du Rwanda depuis 1994 ne me donne aucune confiance en ces organisations internationales. Très peu de confiance.

« En fait, je crois que nous devrions commencer à accuser les gens qui ont effectivement entretenu ces camps, dépensé un million de dollars par jour dans ces camps, soutenu ces groupes pour qu'ils reforment une force armée, des réfugiés militarisés. Lorsqu'en fin de compte ces réfugiés sont pris dans les combats et meurent, je crois que c'est plus la faute de ces gens-là que du Rwanda, du Congo ou de l'Alliance. Pourquoi ne les accuse-t-on pas ? C'est la culpabilité qu'ils essaient d'effacer. C'est quelque chose qu'ils essaient de détourner. »

Nul doute que l'alliance panafricaine que Kagame avait réunie à propos du Congo avait représenté une défaite pour la communauté internationale. Les grandes puissances et leurs représentants humanitaires avaient été mis à l'écart et, dit-il, « ils sont furieux, et la défaite dévoile la culpabilité. Ce ne sont pas eux qui ont décidé le résultat, et ça, ils n'arrivent pas à l'avaler. Kabila émerge, l'alliance émerge, quelque chose change, Mobutu s'en va ; des choses arrivent, la région se réjouit de ce qui arrive, des gens différents ont des manières différentes de soutenir ce processus. Et eux sont laissés de côté, et tout les prend par sur-

prise. Ça les exaspère profondément, et ils ne peuvent pas l'accepter.

« Le monde africain et le monde occidental sont à des univers de distance », concluait-il. Il semblait néanmoins reconnaître qu'une défaite de la communauté internationale ne pouvait signifier la victoire de quiconque. Il avait passé toute sa vie en Afrique centrale non à combattre ce qu'on appelait habituellement « le monde civilisé », mais à s'efforcer d'en faire partie. Or ce monde utilisait « la question des réfugiés » pour tenter de détruire son effort. « C'est vraiment leur objectif. Il ne s'agit pas tant des droits de l'homme, c'est davantage politique. C'est : "Tuons cette initiative, cette dangereuse initiative de ces Africains qui essaient de faire les choses à leur manière propre." »

22

Lors de mon avant-dernier voyage au Rwanda, on projeta *A Time to Kill** dans l'avion. Le film se passe au Mississippi, dans l'atmosphère « miasmatique » chère à Faulkner. Deux Blancs, culs-terreux d'un racisme abject, se baladent en voiture, tout en buvant copieusement. Ils enlèvent une jeune Noire, la violent, la torturent à mort et abandonnent son cadavre dans un champ. Le père de la jeune fille, persuadé que les juridictions locales ne lui rendront pas justice, guette l'arrivée des deux hommes enchaînés au tribunal, sort de l'ombre et les abat à coups de fusil de chasse. Il est arrêté pour assassinat et jugé. Sa culpabilité ne fait aucun doute, mais un jeune avocat, blanc et habile — risquant sa réputation, son mariage, sa vie et celle de ses enfants —, fait appel aux sentiments du jury, et le père de la jeune fille est remis en liberté. Ce film se présentait comme une histoire d'apaisement racial et social. L'acquittement du justicier, dont un jury de ses

* *Le Droit de tuer*, de Joel Schumacher (1996), avec Sandra Bullock et Kevin Spacey. *(N.d.T.)*

pairs concluait qu'il avait accompli une justice plus exemplaire que celle qu'il pouvait attendre de la loi, assurait ainsi le triomphe des protagonistes et la catharsis des spectateurs.

Le deuxième film s'intitulait *Sleepers**. L'action se déroule à New York, dans le quartier difficile de Hell's Kitchen**. Quatre ados font une farce qui provoque la mort accidentelle d'un passant. On les expédie en maison de correction, où les gardiens leur font subir une série de viols collectifs. Après leur libération les années passent. Un jour, deux d'entre eux rencontrent le gardien qui avait été leur principal tortionnaire ; ils sortent leur revolver et l'abattent. On les arrête. Pour le spectateur leur culpabilité ne fait aucun doute. Mais devant le tribunal ils nient toute l'affaire ; ils disent qu'ils étaient à l'église au moment du meurtre. Cet alibi exige la complicité active d'un prêtre, qui lui aussi a séjourné dans l'effroyable maison de correction. Le prêtre est un homme d'une grande honnêteté. Avant de témoigner, il jure sur la Bible qu'il va dire la vérité. Puis il ment. Les deux hommes sont acquittés. Nouveau triomphe de la justice sur la loi ; le mensonge du prêtre est censé rendre hommage à une vérité plus élevée.

Ces deux films ont eu beaucoup de succès en Amérique — des millions de spectateurs les ont vus. Apparemment, les questions qu'ils soulèvent ont suscité une résonance. Et vous, qu'en pensez-vous ? Pouvez-

* De Barry Levinson (1996), avec Brad Pitt, Jason Patrick, Robert de Niro et Dustin Hoffman. *(N.d.T.)*

** La Cuisine de l'Enfer. *(N.d.T.)*

vous condamner ces justiciers pour avoir châtié de telles horreurs ? Pouvez-vous regretter la racaille qu'ils ont tuée ? Peut-être en feriez-vous autant ? Beaux sujets de méditation. Les prémisses de ces deux films me troublaient néanmoins. Les lois et les tribunaux étaient-ils donc si incapables de régler équitablement les affaires en question ? Peut-être prenais-je les distractions du vol un peu trop au sérieux, mais je pensais au Rwanda.

Six semaines auparavant, à la mi-décembre 1996, peu après le rapatriement en masse des camps frontaliers, le Rwanda avait finalement entrepris de juger les accusés de génocide. C'était un événement historique : jamais personne au monde n'avait été traduit devant un tribunal pour le crime extraordinaire de génocide. Et pourtant ces procès n'intéressaient guère les médias internationaux. Même le gouvernement semblait hésiter à faire beaucoup de battage autour d'eux, tant les cours, primitives et inexpérimentées, risquaient de ne pas être à la hauteur des normes légales occidentales. Lors de l'un des premiers procès, dans la province orientale du Kibungo, un témoin au crâne balafré de cicatrices de machette reconnut l'avocat pour son agresseur. L'avocat rejeta l'accusation comme absurde : s'il avait porté de pareils coups à un homme, il se serait arrangé pour que sa victime ne puisse jamais plus en parler. Il fut jugé coupable et condamné à mort. Ça se passait comme ça. Les accusés ne disposaient pas souvent de défenseurs et les procès duraient rarement plus d'une journée. La plupart s'achevaient par des condamnations à mort ou à

perpétuité, mais il y avait des peines plus légères et des acquittements — seule manière de démontrer que la justice agissait avec une certaine indépendance.

À la fin janvier 1997, le génocidaire le plus important détenu au Rwanda — Froduald Karamira, qui avait été l'ami de Bonaventure Nyibizi en prison, avant de devenir un extrémiste et de donner son nom au Pouvoir hutu — fut jugé à Kigali. Arrêté en Éthiopie, Karamira était le seul suspect que le Rwanda fût parvenu à extrader. Il se présenta au tribunal en uniforme de prisonnier — short rose et chemise rose à manches courtes —, et nombre de Rwandais me dirent que voir ainsi humilier cet homme naguère immensément puissant avait été en soi une catharsis. Le procès fut diffusé par des haut-parleurs à la foule massée autour du tribunal, tandis que dans tout le pays un public fasciné le suivait à la radio. L'affaire avait été très bien préparée : enregistrements et transcriptions des discours sanguinaires de Karamira ; témoins et survivants de ses nombreux crimes, décrivant comment il ralliait les masses pour tuer et racontant qu'il avait donné l'ordre de massacrer ses voisins immédiats. À la barre, Karamira qualifia son procès de farce et le gouvernement d'illégitime, parce que le Pouvoir hutu était exclu de la coalition au pouvoir ; il nia que les Tutsi aient été systématiquement exterminés en 1994. « Je suis accusé de génocide, dit-il, mais qu'est-ce que ça veut dire ? » Et c'est avec défi qu'il lança pour finir : « Si ma mort peut amener la réconciliation, si ma mort peut faire plaisir à certains, alors je n'ai pas peur de mourir. »

J'aurais souhaité assister au procès de Karamira, mais il se termina en trois jours, et j'arrivai au Rwanda deux semaines plus tard, juste après qu'il eut été condamné à mort. D'autres procès étaient prévus, naturellement, mais aucun à Kigali, et l'on me déconseillait de m'éloigner de la ville. Alors même que les procès commençaient, des bandes d'ex-FAR et d'*interahamwe* — qui venaient souvent d'arriver du Congo — avaient repris leur campagne de terreur. Ils s'attaquaient de préférence aux Tutsi, et aussi aux Hutu qui s'étaient conduits humainement envers les Tutsi en 1994, ou qui coopéraient avec le gouvernement actuel. Le soulagement prudent qui avait suivi le démantèlement des camps se dissipa rapidement, et les Rwandais commençaient à se demander si leur pays ne subissait pas une invasion, après tout.

En janvier, dans la province du Ruhengeri, dans le Nord-Ouest, trois humanitaires espagnols et un prêtre canadien étaient tués par balle — les premiers meurtres d'Occidentaux depuis le génocide. Puis, au début de février, trois Rwandais et deux étrangers de la mission des droits de l'homme de l'ONU étaient massacrés dans une embuscade tendue par des *interahamwe* dans la province du Cyangugu, dans le Sud-Ouest. L'équipe des Nations unies se rendait à une réunion, organisée par le gouvernement, pour encourager les villageois à ne pas collaborer avec les génocidaires. L'une des victimes rwandaises était un rescapé du génocide, et l'un des étrangers un survivant des massacres de Pol Pot. Le Cambodgien avait été décapité.

Depuis, les étrangers ne se hasardaient plus dans de nombreuses régions du pays.

Les Rwandais, eux aussi, me déconseillaient de voyager. Même lorsque je voulus me rendre à Taba — à seulement une demi-heure de Kigali en voiture, par de bonnes routes — pour voir ce qu'étaient devenus Laurencie Nyirabeza et le tueur Jean Girumuhatse. Personne, me dit-on, n'hésiterait à me traiter de fou si j'étais tué. La veille de mon arrivée à Kigali, un minicar avait été arrêté par un arbre abattu en travers de la route principale, à trente kilomètres au nord de la capitale. Des hommes armés entourèrent le véhicule, firent sortir les passagers, qu'ils séparèrent — les Tutsi d'un côté, les Hutu de l'autre —, puis ouvrirent le feu sur les Tutsi, dont ils tuèrent la plupart. Dans un bar de Kigali, j'avais entendu un groupe de Tutsi et de Hutu mêlés discuter l'incident. Ce qui les troublait le plus, c'était qu'aucun des passagers hutu, tous indemnes, ne s'était volontairement présenté pour se faire connaître et signaler l'attaque.

Les actes terroristes de ce genre se poursuivirent presque quotidiennement pendant toute l'année 1997 et les premiers mois de 1998. Il pouvait n'y avoir, aux meilleurs moments, qu'une ou deux victimes par semaine ; parfois c'étaient plusieurs centaines. En plus d'une douzaine d'occasions, des bandes de plus de mille combattants du Pouvoir hutu, bien organisées, livrèrent des batailles rangées à l'APR pendant plusieurs jours avant de battre en retraite et de se dissoudre dans les villages du Nord-Ouest, où ils avaient leurs bases. Comme naguère dans les camps de

l'ONU, les génocidaires étaient invisiblement mêlés aux civils, et des militaires rwandais tuèrent des milliers de Hutu désarmés. Ces accusations émurent tant l'APR qu'elle arrêta des centaines de ses propres soldats pour atrocités contre des civils, alors que le Pouvoir hutu avait pour politique de massacrer les civils qui refusaient de se joindre à ses atrocités.

Tel était le choix dans la nouvelle-ancienne guerre du Rwanda. Les génocidaires laissaient derrière eux des tracts, menaçant de la décapitation ceux qui leur résisteraient. D'autres avertissaient les Tutsi : « Vous allez tous périr », ou « À bientôt, vos jours sont comptés ». Les Hutu, pour leur part, étaient invités, dans l'esprit de l'hypothèse hamitique de John Hanning Speke, à renvoyer tous les Tutsi « en Abyssinie ». Ils étaient prévenus : « Quiconque collabore avec l'ennemi, travaille pour lui ou lui donne des informations, est aussi l'ennemi. Nous l'éliminerons systématiquement. »

Un jour, je m'arrêtai au ministère de la Justice pour voir Gérald Gahima. « Comment va la justice ? » demandai-je. Il hocha la tête. Depuis des mois, les ministres parcouraient le pays, allant de prison en prison pour distribuer des exemplaires de la loi sur le génocide et expliquer qu'elle prévoyait des réductions de peines pour la vaste majorité des prisonniers, s'ils acceptaient d'avouer. Mais les détenus refusaient de se présenter. « C'est un sabotage délibéré, dit Gahima. Leurs chefs leur ont bourré le crâne. Ils veulent encore soutenir qu'il n'y a pas eu de génocide dans ce pays,

alors qu'en fait le génocide se poursuit aujourd'hui encore. »

Je me demandais si le gouvernement regrettait d'avoir fait rentrer les réfugiés des camps. « Jamais, répondit Gahima. La communauté internationale aurait continué à les nourrir jusqu'à ce que nous soyons tous morts. Comme ça, aujourd'hui, nous ne sommes que quelques-uns à mourir. Le bonheur nous est interdit. Nous ne pouvons que nous battre pour vivre en paix. » Il sourit, d'un air un peu las, et ajouta : « Nous n'avons pas de stratégie pour en sortir. »

Au bout de quelques jours seulement à Kigali, j'éprouvai la sensation d'épuisement total qui, les voyages précédents, avait mis des semaines, voire des mois, à m'envahir. Je pris un billet pour le prochain vol, et, en attendant, passai mes journées dans la véranda d'un ami, entouré de fleurs de paradisier, à écouter les oiseaux chanter, à regarder les immenses nuages se heurter et s'effilocher au-dessus de la vallée ; et je m'évadai dans un roman du siècle dernier, à propos d'un dentiste de San Francisco. C'était *McTeague*, de Frank Norris ; et dans les dernières pages, deux amis, autrefois presque frères, se retrouvent pour se battre dans la solitude désolée d'un désert salé ; l'un tue l'autre, mais dans la bagarre le mort s'est menotté au survivant.

Je posai le livre et partis boire une bière avec un ami rwandais. Je lui racontai l'histoire que je venais de lire, cette dernière image : un cadavre, l'autre attaché à lui, en plein désert.

« Mais Philip, me dit-il, ne soyons pas stupides. Quand il y a des menottes, il y a une clé. »

Je lui rappelai qu'il n'y avait pas de clé pour ouvrir les menottes dans le vaste désert où le rescapé avait échoué. J'employai l'expression de Gahima : « Pas de stratégie pour en sortir. »

« Les romans sont bien commodes, dit mon ami. Ils s'arrêtent. » Il traça du doigt des points d'interrogation dans l'air. « Ils disent : "Fin." C'est très bien. Une merveilleuse invention. Ici, nous avons des histoires, mais pas de "Fin". » Il but une gorgée de bière, puis ajouta : « J'ai beaucoup réfléchi ces derniers temps à Jack l'Éventreur, parce que les Tutsi disent maintenant : "Jack est là." Ils ne le disent pas, mais c'est ce qu'ils pensent depuis le retour du Zaïre. Ils ne vous disent pas qu'ils ne dorment pas de la nuit parce que les assassins sont dans les murs. Mais songez à ce qui se passe dans la conscience d'un Tutsi qui attend l'arrivée de son tueur. »

J'y pensai ; et ce qui me vint à l'esprit, ce fut la lettre que le pasteur Elizaphan, l'ancien doyen de l'église adventiste du Kibuye, m'avait donnée à Laredo — la lettre qu'il avait reçue le 15 avril 1994 des sept pasteurs tutsi qui s'abritaient avec tant d'autres réfugiés à l'hôpital de Mugonero, la lettre lui annonçant qu'ils seraient tués le lendemain, et lui disant « votre intervention sera hautement appréciée, de la même manière que les Juifs furent sauvés par Esther ».

Esther était la femme d'Assuérus, empereur de Perse, dont les domaines s'étendaient de l'Inde à

l'Éthiopie, deux mille cinq cents ans avant le massacre de Mugonero. On connaît l'histoire : Esther épouse Assuérus sans lui dire qu'elle est une Juive orpheline, élevée par son oncle, Mardochée ; Aman, le favori du roi, méprise Mardochée parce qu'il refuse de s'incliner devant lui ; Aman persuade Assuérus de publier un décret invitant ses sujets dans tout le royaume à « détruire, tuer et exterminer tous les Juifs, jeunes et vieux, femmes et enfants, en un seul jour [...] et à piller leurs biens » ; Esther révèle son identité à son mari et le supplie d'épargner son peuple : et le méchant Aman est finalement pendu au gibet même qu'il avait dressé pour Mardochée. Mais cette réconfortante histoire de génocide évité se clôt sur un chapitre dont on se souvient moins volontiers : lorsque Assuérus annule son ordre d'extermination, Esther lui fait ajouter une clause permettant aux Juifs « de se rassembler pour mettre leur vie en sécurité, avec permission d'exterminer, égorger et détruire tous les gens armés des peuples ou des provinces qui voudraient les attaquer, avec leurs femmes et leurs enfants, comme aussi de piller leurs biens ». Au total, rapporte la Bible, les Juifs et leurs alliés massacrèrent quelque soixante-quinze mille huit cents « ennemis » avant que la paix ne soit rétablie dans l'Empire au cours d'une journée de « festins et de liesse ».

Les pasteurs tutsi de Mugonero devaient connaître leurs Écritures. En attendant d'être massacrés, aspiraient-ils non seulement à être épargnés mais aussi à voir liquider les ennemis de la paix au Rwanda ? Les espoirs de rédemption que les histoires comme celle

d'Esther inspirent aux peuples persécutés s'accompagnent invariablement de la foi en le pouvoir restaurateur d'une justice vengeresse. « L'armée de Pharaon a été noyée — Oh Mary, ne pleure surtout pas », rappelait le vieux chant d'esclaves américain, de même que Homère chantait le sac de Troie et Ulysse le meurtre des prétendants à Ithaque.

En cette fin de XXe siècle, naturellement, nous aimons à croire qu'existent de meilleures manières de faire prévaloir la justice contre les méchants, dans ce qu'on appelait la « société internationale » et qu'on préfère nommer aujourd'hui, d'un terme plus exhaustif, « l'humanité ». Mon ami avait le sentiment que le reste de l'humanité avait trahi le Rwanda en 1994, mais il n'avait pas perdu sa foi en l'idée d'humanité.

« Je pense à votre pays. Vous dites que tous les hommes naissent égaux. Ce n'est pas vrai et vous le savez bien. C'est simplement la seule vérité politique acceptable. Même ici, dans ce minuscule pays d'une seule langue, nous ne formons pas un peuple unique, mais nous devons faire semblant jusqu'à ce que nous y parvenions. C'est un gros problème. Je connais tant de gens qui ont perdu toute leur famille. Un jeune homme va me demander conseil. Il me dira : "J'ai vu l'un de ceux qui l'ont fait. J'avais seize ans alors, mais j'ai vingt ans aujourd'hui. J'ai une arme. Me dénoncerez-vous si je règle l'affaire ?" Il faudrait que je lui dise : "Moi aussi, j'ai perdu de nombreux parents, mais je ne les connaissais pas. Je vivais en exil — au Zaïre, au Burundi. Ceux que j'ai perdus — c'est un peu abstrait — je ne les connaissais pas, il n'y avait

pas l'amour." Alors si ce soldat me demande conseil, que vais-je lui dire ? C'est une histoire terrible. Je vais prendre mon temps. Je vais aller me promener avec lui. Je vais le cajoler pour le calmer. Je vais essayer de trouver son officier supérieur pour lui demander de "surveiller ce petit-là". Mais sérieusement, hein ? Tout ça ne disparaît pas en un an, en deux ans, en cinq ans ni même en dix — l'horreur que nous avons vue, elle fait partie intrinsèque de nous. »

Je restai silencieux, et au bout d'un certain temps mon ami ajouta : « Nous avons intérêt à trouver les clés de ces menottes. »

« Nous, la communauté internationale, nous aurions dû être plus actifs au début des atrocités au Rwanda en 1994 et les qualifier de ce qu'elles étaient : un génocide », déclara la secrétaire d'État Madeleine Albright en décembre 1997 à Addis-Abeba, devant l'Organisation de l'Unité africaine. Albright, qui effectuerait une brève visite au Rwanda durant sa tournée africaine, condamna également l'utilisation de l'aide humanitaire « au bénéfice de camps armés ou de tueurs génocides ». De simples mots — mais les politiciens hésitent souvent à dire ce genre de choses. Le même mois, j'entendis un haut responsable du HCR résumer ainsi l'expérience des camps zaïrois sous le contrôle du Pouvoir hutu : « Oui, des erreurs ont été faites, mais nous ne sommes pas responsables. » Les « excuses » d'Albright, comme on les appela par la suite, marquèrent une nette rupture avec les attitudes honteuses et défensives qui aboutirent souvent à refu-

ser aux réalités fondamentales du génocide rwandais leur juste place dans la mémoire internationale.

Trois mois plus tard, le président Clinton se rendait à son tour en Afrique et, le 25 mars 1997, devenait le premier chef d'État occidental à effectuer une visite officielle au Rwanda depuis le génocide. Ce ne fut qu'une brève escale — il ne quitta pas l'aéroport —, mais éminemment symbolique. Après avoir entendu plusieurs heures durant des témoignages de rescapés du génocide, il réitéra avec force les excuses d'Albright pour avoir refusé d'intervenir au cours des massacres et pour avoir soutenu les génocidaires des camps. « Pendant quatre-vingt-dix jours, à partir du 6 avril 1994, le Rwanda a connu le carnage le plus intensif de ce siècle sanglant, déclara-t-il. Il faut que le monde sache que ces tueries n'étaient ni spontanées ni accidentelles, […] elles n'étaient certainement pas le résultat d'anciennes luttes tribales. […] Ces événements furent le fruit d'une politique visant à la destruction systématique d'un peuple. » Et ce n'était pas seulement important pour le Rwanda mais pour le monde entier, parce que « chaque hécatombe précipite la suivante, et à mesure que la vie humaine se dégrade et que l'on tolère la violence, l'inimaginable devient plus concevable ».

Regrets du passé plus convaincants que les assurances pour l'avenir. Lorsque Clinton déclara : « Jamais plus nous ne devrons agir timidement face à l'évidence » d'un génocide, personne ne pouvait croire que le monde était devenu plus sûr qu'en avril 1994. Si l'expérience du Rwanda avait enseigné une leçon

quelconque, c'était que les peuples menacés, dépendant pour leur protection physique de la communauté internationale, demeuraient sans défense. Le jour même de la visite d'Albright au Rwanda en décembre, des terroristes du Pouvoir hutu, aux cris de « Mort aux cafards », avaient exterminé à coups de machette, de gourdin et de fusil, plus de trois cents Tutsi dans un campement du Nord-Ouest ; et quelques jours avant l'arrivée de Clinton à Kigali, une cinquantaine de Tutsi avaient péri au cours de semblables massacres. Dans de pareilles circonstances, l'engagement de Clinton d'« agir en partenariat avec le Rwanda pour mettre fin à ces violences » apparaissait délibérément vague.

Au Rwanda pourtant, où l'on n'attendait pratiquement plus rien des grandes puissances, l'aveu de Clinton que le génocide avait été organisé politiquement, et son soutien aux « efforts du gouvernement pour créer une nation solidaire où tous les citoyens pourront vivre dans la liberté et la sécurité », furent interprétés comme la condamnation internationale la plus radicale jusqu'alors de l'effort des génocidaires pour assimiler la politique aux divisions ethniques et pour démontrer cette équation par le meurtre. Que ces propos aient été jugés extraordinaires donne la mesure du sentiment d'isolement qu'éprouvait le Rwanda. Après tout, Clinton ne faisait que proclamer l'évidence. Sans doute aucune pression politique ne l'obligeait à s'intéresser au Rwanda ; il aurait tout aussi bien pu ignorer ce pays et ne rien dire. Pourtant, après s'être lavé les mains du génocide, et si tardivement que ce fût, il choisissait d'intervenir spectaculairement

dans la guerre issue du génocide. Le représentant de la plus grande puissance mondiale était enfin venu à Kigali rétablir les faits.

« Ça nous a plongés dans la stupéfaction, me téléphona de Kigali un ami hutu. Voilà un homme politique qui, sans le moindre enjeu, disait la vérité et reconnaissait ses torts. » Et un Tutsi que j'appelai me confia : « Ce qu'il nous a dit, c'est que nous n'étions pas simplement des sauvages oubliés. Peut-être faut-il vivre aussi loin que la Maison-Blanche pour voir le Rwanda ainsi. La vie ici demeure effroyable. Mais votre M. Clinton nous a donné l'impression d'être moins seuls. Que quelqu'un qui ne semblait vraiment pas se soucier du massacre de votre peuple vous donne ce sentiment devrait être très surprenant. Mais il est difficile aujourd'hui de surprendre les Rwandais. »

Je ne peux me rappeler combien de fois, depuis ma première visite au Rwanda il y a quatre ans, on m'a posé la question : « Y a-t-il le moindre espoir pour ce pays ? » En réponse, j'aime à citer ces remarques du directeur d'hôtel Paul Rusesabagina. Quand il m'avait fait part de sa « déception » après le génocide, il avait ajouté : « Avec mes compatriotes — les Rwandais —, on ne sait jamais ce qu'ils deviendront demain. » Bien qu'il ne l'ait pas entendu ainsi, cela me parut l'une des choses les plus optimistes qu'un Rwandais pût dire après le génocide. Un peu comme ces propos du général Kagame : « On peut rendre les gens mauvais, mais on peut aussi leur apprendre à être bons. »

Mais il est plus facile d'invoquer l'espoir que de le concrétiser. À vous donc de décider si cette dernière anecdote vous fait envisager l'avenir du Rwanda avec quelque optimisme. Le 30 avril 1997 — presque un an avant que j'écrive ces lignes —, la télévision rwandaise diffusa le témoignage d'un homme qui avouait avoir fait partie d'une bande de génocidaires, laquelle, deux jours auparavant, avait massacré dix-sept écolières et une religieuse belge de soixante-deux ans dans un pensionnat du Gisenyi. C'était la seconde attaque d'école en un mois ; la précédente avait fait seize morts et vingt blessés parmi des lycéennes du Kibuye.

Le prisonnier expliqua à la télévision que cette tuerie s'inscrivait dans la campagne de « libération » du Pouvoir hutu. Son groupe de cent cinquante militants se composait essentiellement d'ex-FAR et d'*interahamwe*. Au Gisenyi comme au Kibuye, ils avaient réveillé les jeunes filles en pleine nuit et leur avaient demandé de se répartir entre Hutu et Tutsi. Mais elles avaient refusé. Dans les deux pensionnats, les lycéennes avaient répondu qu'elles étaient simplement rwandaises ; elles avaient donc été battues et assassinées sans distinction.

Les Rwandais — dont l'imagination regorge de cadavres — n'ont pas besoin de martyrs supplémentaires. Nous non plus. Mais l'exemple de ces jeunes Hutu courageuses, qui auraient pu choisir de vivre mais préférèrent se proclamer rwandaises, ne nous donne-t-il pas un peu d'espoir ?

Mai 1995-avril 1998

Remerciements

Je tiens d'abord à remercier les centaines de Rwandais, personnalités publiques et simples particuliers, qui m'ont généreusement confié leurs témoignages.

Pour compléter mon enquête, j'ai consulté une grande diversité d'ouvrages sur le Rwanda, publiés et inédits, j'en remercie les auteurs, et notamment Colette Braeckmann, Jean-Pierre Chrétien, Alain Destexhe, Alison des Forges, André Guichaoua, René Lemarchand, Louis de Lacger, Catherine Newbury, Rakiya Omaar, Gérard Prunier et Filip Reyntjens. Je suis également redevable aux bulletins d'information électroniques de l'IRIN (Nations unies).

DU MÊME AUTEUR

Aux Éditions Denoël

À FROID

NOUS AVONS LE PLAISIR DE VOUS INFORMER QUE, DEMAIN, NOUS SERONS TUÉS AVEC NOS FAMILLES (Folio documents n° 10)

Composition Interligne.
Impression Bussière Camedan Imprimeries
à Saint-Amand (Cher), le 4 octobre 2002.
Dépôt légal : octobre 2002.
Numéro d'imprimeur : 024437/1.
ISBN 2-07-042581-9./Imprimé en France.

Jordan –
Lynn –

~~14389~~

Cet ouvrage a été composé par
PCA - 44400 REZE

Imprimé en France sur Presse Offset par

BRODARD & TAUPIN

GROUPE CPI

La Flèche (Sarthe), le 21-11-2001
N° d'impression : 8955

Dépôt légal : décembre 2001

POCKET jeunesse
12, avenue d'Italie • 75627 PARIS Cedex 13
Tél. : 01.44.16.05.00

Sabrina

l'apprentie sorcière

1. Une rentrée pas ordinaire
2. Une rivale inattendue
3. Un Noël presque parfait
4. Un invité surprise
5. Un amour de sorcière
6. Un week-end très mouvementé
7. Une journée d'enfer
8. Un lundi hallucinant
9. Sabrina fait des mystères
10. Détective de choc !
11. La fête des sorcières

Et pour les plus jeunes :

Salem

le chat de Sabrina

1. Salem à la télé
2. Salem à l'école
3. Piégé dans l'Histoire !
4. Attention au sort !
5. Un après-midi de chien
6. Allô, Salem ?